Jörg Willburger

Shareholder Value und wertorientierte Unternehmensführung in Deutschland

Wie verhalten sich Daimler, Siemens, ThyssenKrupp und Volkswagen?

Diplomica Verlag GmbH

Willburger, Jörg: Shareholder Value und wertorientierte Unternehmensführung in Deutschland: Wie verhalten sich Daimler, Siemens, ThyssenKrupp und Volkswagen? Hamburg, Diplomica Verlag GmbH 2013

Buch-ISBN: 978-3-8428-9506-5
PDF-eBook-ISBN: 978-3-8428-4506-0
Druck/Herstellung: Diplomica® Verlag GmbH, Hamburg, 2013

Bibliografische Information der Deutschen Nationalbibliothek:
Die Deutsche Nationalbibliothek verzeichnet diese Publikation in der Deutschen Nationalbibliografie; detaillierte bibliografische Daten sind im Internet über http://dnb.d-nb.de abrufbar.

Das Werk einschließlich aller seiner Teile ist urheberrechtlich geschützt. Jede Verwertung außerhalb der Grenzen des Urheberrechtsgesetzes ist ohne Zustimmung des Verlages unzulässig und strafbar. Dies gilt insbesondere für Vervielfältigungen, Übersetzungen, Mikroverfilmungen und die Einspeicherung und Bearbeitung in elektronischen Systemen.

Die Wiedergabe von Gebrauchsnamen, Handelsnamen, Warenbezeichnungen usw. in diesem Werk berechtigt auch ohne besondere Kennzeichnung nicht zu der Annahme, dass solche Namen im Sinne der Warenzeichen- und Markenschutz-Gesetzgebung als frei zu betrachten wären und daher von jedermann benutzt werden dürften.

Die Informationen in diesem Werk wurden mit Sorgfalt erarbeitet. Dennoch können Fehler nicht vollständig ausgeschlossen werden und die Diplomica Verlag GmbH, die Autoren oder Übersetzer übernehmen keine juristische Verantwortung oder irgendeine Haftung für evtl. verbliebene fehlerhafte Angaben und deren Folgen.

Alle Rechte vorbehalten

© Diplomica Verlag GmbH
Hermannstal 119k, 22119 Hamburg
http://www.diplomica-verlag.de, Hamburg 2013
Printed in Germany

Inhaltsverzeichnis

Abkürzungsverzeichnis 9

Abbildungsverzeichnis 11

Anhangsverzeichnis 13

1 Einleitung 15

2 Definition der Fachbegriffe, Kennzahlen und Berechnungsmethoden 19
   2.1 Fachbegriffe 19
      2.1.1 Barwert und Kapitalwert 19
      2.1.2 Interner Zinsfuß 20
      2.1.3 Kapitalkosten und Kapitalkostensatz 20
      2.1.4 Cashflow 20
      2.1.5 Wertorientierte Unternehmensführung und Shareholder Value ... 23
         2.1.5.1 Abgrenzung und Definition 23
         2.1.5.2 Entwicklung und Notwendigkeit 25
         2.1.5.3 Kernaufgaben und adaptierte betriebswirtschaftliche Konzepte 27
   2.2 Kennzahlen und Berechnungsmethoden 28
      2.2.1 Return on Capital Employed und Return on Net Assets 29
      2.2.2 Discounted Cashflow 30
      2.2.3 Determinanten des Discounted Cashflow-Ansatz nach Rappaport 31
         2.2.3.1 Free Cashflow 32
         2.2.3.2 Weighted Average Cost of Capital und Capital Asset Pricing Model 33
         2.2.3.3 Residualwert 34
      2.2.4 Cashflow Return on Investment 36
         2.2.4.1 Ursprung und Bedeutung 36
         2.2.4.2 Bestandteile und Berechnungsmethoden 36
      2.2.5 Cash Value Added 39
         2.2.5.1 Ursprung und Bedeutung 40
         2.2.5.2 Bestandteile und Berechnungsmethode 40
      2.2.6 Economic Value Added 41
         2.2.6.1 Ursprung und Bedeutung 41
         2.2.6.2 Bestandteile und Berechnungsmethode 42

2.3 Vor- und Nachteile von RoCE, RoNA, DCF, EVA, CFRoI und CVA sowie Übertragbarkeit auf die vier Kernaufgaben 44

2.3.1 Vor und Nachteile des RoCE und RoNA 44

2.3.2 Vor- und Nachteile des DCF 44

2.3.3 Vor- und Nachteile des EVA 45

2.3.4 Vor- und Nachteile des CFRoI 46

2.3.5 Vor- und Nachteile des CVA 47

2.3.6 Kennzahlen und Kernaufgaben 47

2.4 Wertorientierte variable Managementvergütung 48

3 Berichterstattung wertorientierter Unternehmensführung ausgewählter DAX 30 Unternehmen im Geschäftsjahr 2011 51

3.1 Analyse der Berichterstattung aller DAX 30 Unternehmen 51

3.2 Analyse von ausgewählten DAX 30 Unternehmen 54

3.2.1 Siemens AG 54

3.2.1.1 Einsatz und Bericht wertorientierter Steuerungsgrößen und Ziele 55

3.2.1.2 Wertorientierte variable Vergütung bei der Siemens AG 60

3.2.1.3 Abschlussbetrachtung Siemens AG 61

3.2.2 Daimler AG 62

3.2.2.1 Einsatz und Bericht wertorientierter Steuerungsgrößen und Ziele 62

3.2.2.2 Wertorientierte variable Vergütung bei der Daimler AG 65

3.2.2.3 Abschlussbetrachtung Daimler AG 67

3.2.3 ThyssenKrupp AG 67

3.2.3.1 Einsatz und Bericht wertorientierter Steuerungsgrößen und Ziele 68

3.2.3.2 Wertorientierte variable Vergütung bei der ThyssenKrupp AG 72

3.2.3.3 Abschlussbetrachtung ThyssenKrupp AG 74

3.2.4 Volkswagen AG 75

3.2.4.1 Einsatz und Bericht wertorientierter Steuerungsgrößen und Ziele 75

3.2.4.2 Wertorientierte variable Vergütung bei der Volkswagen AG 78

3.2.4.3 Abschlussbetrachtung Volkswagen AG 78

3.3 Analysierter Einsatz und Nutzen der wertorientierten Unternehmensführung 79

3.3.1 Vergleichbarkeit der verwendeten Kennzahlen und Konzepte 79

3.3.2 Relation zwischen wertorientierten Kennzahlen und Aktienkursentwicklung 80

3.3.3　Einsatz als Beurteilungsgröße für variable Gehaltsbestandteile 81
　　3.3.4　Nutzen als Entscheidungshilfe und Handlungsempfehlungen für Investoren 81
　3.4　Zusammenfassung der Ergebnisse und Handlungsempfehlungen 83

4　Fazit und Ausblick **85**
　4.1　Probleme bei der Untersuchung 85
　4.2　Zukünftige Entwicklungen und Ausblick 86
　4.3　Wertung und Kritik der wertorientierten Unternehmensführung 86

Anhang **89**

Literaturverzeichnis **119**

Abkürzungsverzeichnis

AG	Aktiengesellschaft
BCG	The Boston Consulting Group
bspw.	beispielsweise
bzw.	beziehungsweise
CAPM	Capital Asset Pricing Model
CFRoI	Cashflow Return on Investment
CVA	Cash Value Added
DAX 30	Deutscher Aktienindex bzw. dessen 30 größte Unternehmen
DCF	Discounted Cashflow
d.h.	das heißt
Δ	Delta (deutsch: Veränderung)
DVFA	Deutsche Vereinigung für Finanzanalyse und Asset Management
EBT	Earnings before Taxes
EBIT	Earnings before Interest and Taxes
EBITDA	Earnings before Interest, Taxes, Depreciation and Amortization
EP	Economic Profit
et al.	et alia (deutsch: und andere)
etc.	et cetera (deutsch: und so weiter)
EVA	Economic Value Added
f.	folgende
FCF	Free Cashflow
ff.	fortfolgende
FIFO	First In First Out
FTD	Financial Times Deutschland
GBW	Geschäftswertbeitrag
ggf.	gegebenenfalls
HGB	Handelsgesetzbuch
i. d. R.	in der Regel
IFRS	International Financial Reporting Standards
IRR-CFRoI	Internal Rate of Return – Cashflow Return on Investment
LIFO	Last In First Out
LTI	Long Term Incentiveplan

MIT	Mid Term Incentiveplan
NOPAT	Net Operating Profit After Taxes
o.V.	ohne Verfasser
RoC	Return on Capital
RoCE	Return on Capital Employed
RoE	Return on Equity
RoI	Return on Investment
RoNA	Return on Net Assets
RoS	Return on Sales
S.	Seite
SFS	Siemens Financial Services
SG	Schmalenbach-Gesellschaft für Betriebswirtschaft
sog.	Sogenannt
SVR	Shareholder Value Return
TKVA	ThyssenKrupp Value Added
u. a.	und anderen / unter anderem
u. ä.	und ähnliche
usw.	und so weiter
Vgl.	Vergleiche
WACC	Weighted Average Cost of Capital
z. B.	zum Beispiel

Abbildungsverzeichnis

Abbildung 1 Formel Barwert 19

Abbildung 2 Formel Interner Zinsfuß 20

Abbildung 3 Vereinfachter Cashflow 21

Abbildung 4 Kapitalflussrechnung 21

Abbildung 5 Operativer Cashflow, Brutto und Netto Cashflow 22

Abbildung 6 Rahmenbedingungen zur Entwicklung des Shareholder Value-Ansatz 26

Abbildung 7 Kategorisierung wertorientierter Kennzahlen 28

Abbildung 8 Zusammenhang von Wertbeitrags- und Rentabilitätskennzahlen 29

Abbildung 9 RoCE und RoNA nach Coenenberg u.a. 29

Abbildung 10 Unterschiedliche Verfahren zur DCF Ermittlung 31

Abbildung 11 Formel zur Berechnung des Free Cashflows nach Rappaport 32

Abbildung 12 Formel und Rechenbeispiel zum WACC 33

Abbildung 13 Ermittlung der Eigenkapitalkosten mit der CAPM-Methode 34

Abbildung 14 Berechnung der ewigen Rente nach Rappaport 35

Abbildung 15 Gordon-Growth-Formel 35

Abbildung 16 Berechnung des Brutto Cashflow nach Lewis 37

Abbildung 17 Berechnung der Bruttoinvestitionsbasis nach Lewis 37

Abbildung 18 IRR-CFRoI Formel und regula falsi 38

Abbildung 19 Algebraischer CFRoI und Berechnung der ökonomischen Abschreibung 39

Abbildung 20 CVA-Formel und Gesamtunternehmenswert 41

Abbildung 21 Economic Value Added 42

Abbildung 22 Formel zur EVA-Berechnung 42

Abbildung 23 Anwendung von Steuerungskonzepten in den DAX 30 Unternehmen (absolut) 52

Abbildung 24 Praxisdefinitionen des RoE 53

Abbildung 25 One Siemens 56

Abbildung 26 Siemens AG Umsatzwachstum 57

Abbildung 27 Siemens AG RoCE 58

Abbildung 28 Dividendenausschüttungsquote 60

Abbildung 29 System der variablen Vorstandsvergütung bei der Siemens AG 61

Abbildung 30 Zielparameter, Gewichtung und Zielerreichung der variablen Vergütung 61

Abbildung 31 Zielsystem der Daimler AG 63

Abbildung 32 Net Assets der Daimler AG 64
Abbildung 33 Berechnungsmethoden des Value Added 64
Abbildung 34 TKVA der ThyssenKrupp AG 69
Abbildung 35 RoCE der ThyssenKrupp AG 70
Abbildung 36 FCF der ThyssenKrupp AG 71
Abbildung 37 TKVA-FCF-Matrix 72
Abbildung 38 Verbindung von individuellem Erfolg und Unternehmenserfolg 73
Abbildung 39 WACC des Konzernbereichs Automobile 76
Abbildung 40 EVA und EVA-Spread der Volkswagen AG 77
Abbildung 41 RoI und investiertes Vermögen der Volkswagen AG 77

Anhangsverzeichnis

Anhang 1 Cashflow-Berechnung nach der DVFA/SG-Methode 89
Anhang 2 Zusammenhang zwischen innerem Wert und Marktwert des Eigenkapitals 90
Anhang 3 Rechenbeispiel zum CFRoI 91
Anhang 4 Einsatzgebiete und Eignung der Kennzahlen 92
Anhang 5 Zusammensetzung und Gewichtung des DAX Stand 22.06.2012 93
Anhang 6 DAX-Entwicklung in den letzten zehn Jahren Stand 25.06.2012 94
Anhang 7 Häufigkeit berichteter Kennzahlen im Geschäftsjahr 2010 95
Anhang 8 Häufigkeit berichteter Kennzahlen im Geschäftsjahr 2008 96
Anhang 9 Wertorientierte Kennzahlen in den Geschäftsberichten 2008 97
Anhang 10 Vergleich diverser Studien zur wertorientierten Unternehmensführung 98
Anhang 11 Informationen über die Siemens AG 99
Anhang 12 Berechnung des RoCE der Siemens AG 100
Anhang 13 Berechnung der angepassten industriellen Nettoverschuldung der Siemens AG 101
Anhang 14 Berechnung des Free Cashflow der Siemens AG 102
Anhang 15 Basisdaten der Daimler AG 103
Anhang 16 Free Cashflow der Daimler AG 104
Anhang 17 Vorstandvergütung der Daimler AG 2011 105
Anhang 18 Basisdaten der ThyssenKrupp AG 106
Anhang 19 Wertmanagement der ThyssenKrupp AG 107
Anhang 20 Integriertes Controlling-Konzept der ThyssenKrupp AG 108
Anhang 21 Bedeutung von TKVA und FCF bei der ThyssenKrupp AG 109
Anhang 22 Entwicklung der TKVA-Komponenten 110
Anhang 23 Unterschied von Wertschaffung und Wertvernichtung mit dem TKVA 111
Anhang 24 Vorstandsvergütung der Thyssen Krupp AG 112
Anhang 25 Auszug aus dem TKVA-Druckschrift-Anhang – Berechnung des EBIT 113
Anhang 26 Basisdaten Volkswagen AG 114
Anhang 27 Übersicht über die wichtigsten Steuerungsgrößen der Volkswagen AG 115
Anhang 28 Wertzuwachs, -erhaltung und -verzehr beim EVA 116
Anhang 29 Vergütung der Vorstandsmitglieder der Volkswagen AG 117
Anhang 30 Überblick über die untersuchten Unternehmen 118

1 Einleitung

Bereits 1986 wurden die theoretischen Grundlagen für das heutige Verständnis von wertorientierter Unternehmensführung und der Beginn der Diskussion über Shareholder Value durch die Veröffentlichungen von Alfred Rappaport begründet.[1] Dabei wird auf eine langfriste Maximierung des Aktionärsnutzen abgezielt und der Eigenkapitalgeber, der sog. Shareholder, in den Mittelpunkt der unternehmerischen Ziele und Handlungen gestellt.[2] Die Maximierung des Aktionärsnutzens steht jedoch auch in der Kritik, da in der Praxis oftmals eine kurzfristige Sichtweise nicht den Interessen aller Beteiligten gerecht wird.[3] So hat sich auch in der Literatur inzwischen eine Abgrenzung zwischen dem Konzept der wertorientierten Unternehmensführung und einer seiner Ausprägungen, dem Shareholder Value Ansatz, entwickelt.[4] Zudem stehen Unternehmen im Zuge der Globalisierung der Finanzmärkte in einem immer stärkeren Wettbewerb um finanzielle Ressourcen und müssen sich vor feindlichen Übernahmen schützen sowie einen objektiven Maßstab zur Beurteilung der Managementleistungen, z. B. auch zu Zwecken der Vergütung, bieten.[5] Um dies zu erreichen, ist die Einbeziehung des Unternehmenswerts bei der Unternehmenssteuerung als unverzichtbar anzusehen und neben der Ausrichtung interner Steuerungsmaße an wertorientierten Kriterien sowie der Berichterstattung über das wertorientierte Steuerungssystem von hoher Bedeutung.[6] Durch eine wertorientierte Berichterstattung wird versucht, Informationsasymmetrien abzubauen und den Unterschied zwischen dem errechneten Ist-Unternehmenswert und der Bewertung durch den externen Kapitalmarkt zu reduzieren.[7] Vor allem Aktiengesellschaften nutzen wertorientierte Kennzahlen, um ihren Unternehmenserfolg zu messen sowie zu kommunizieren und gestalten dementsprechend ihre ganze Unternehmenspolitik wertorientiert.[8] Typisch für wertorientierte Kennzahlen ist, dass sie im Gegensatz zu ergebnisorientierten Kennzahlen auch die Kosten des Eigenkapitals berücksichtigen, wobei sich in der Theorie und Praxis verschiedene Berechnungsmöglichkeiten und Konzepte herausgebildet haben.[9] Bei der wertorientierten Unternehmensführung

---

[1] Vgl. Coenenberg / Salfeld, 2007, S. 3
[2] Vgl. Rappaport, 1999, S. 1 ff.
[3] Vgl. Britzelmaier u.a., 2011, S. 1
[4] Vgl. Stiefl / Westerholt, 2008, S. 6
[5] Vgl. Kaub / Schaefer, 2002, S. 4
[6] Vgl. Britzelmaier u.a., 2011. S. 1 f.
[7] Vgl. Kraus, 2011, S. 11
[8] Vgl. Pilzecker, 2011, S. 2
[9] Vgl. Voigt, 2012, S. 1 ff.

handelt es sich somit nicht um ein reines Strategiekonzept, sondern um eine Unternehmensphilosophie, die einen ganzheitlichen Ordnungs- und Handlungsrahmen schafft und mit Anreizsystemen verknüpft sowie in der ganzen Unternehmenspolitik erkennbar sein sollte.[10]

Das primäre Ziel dieser Studie liegt darin, den aktuellen Umsetzungsstand und die Implementierung einer wertorientierten Unternehmensführung in den DAX 30 Unternehmen auf Basis der Geschäftsberichte 2011 und weiterer öffentlich zugänglichen Informationen zu analysieren und den Nutzen für Investoren bzw. Kapitalgeber zu ermitteln. Dabei werden der Aufbau und die Entwicklung der Kennzahlen mit der Aktienkursentwicklung und dem Ergebnis anderer Untersuchungen verglichen. Es stehen folgende Fragen im Mittelpunkt:

- Welche wertorientierten Steuerungsgrößen werden von ausgewählten DAX 30 Unternehmen verwendet und wie setzen sich diese zusammen?
- Was für Angaben werden über Kapitalkosten sowie wertorientierte Kennzahlen in den Geschäftsberichten gemacht und gibt es dort explizite Aussagen über die Ziele und die Managementausrichtung?
- Basieren Teile der Managementgehälter auf wertorientierten Kennzahlen und wie werden diese ermittelt?
- Besteht ein Zusammenhang zwischen der wertorientierten Unternehmensführung bzw. wertorientierten Berichterstattung und der Aktienkursentwicklung?
- Welche Angaben sind für Investoren von Bedeutung und wie belastbar sowie vergleichbar sind diese?
- Welche Handlungsmöglichkeiten und Empfehlungen gibt es für Investoren und Aktionäre?
- Wie sehen andere Studien die wertorientierte Unternehmensführung und was sind die Folgen und Kritik für das Konzept?

Die Studie gibt im zweiten Kapitel zuerst einen Überblick über die theoretischen Hintergründe und definiert einige der wichtigsten Kennzahlen und Begriffe der wertorientierten Unternehmensführung. Im dritten Kapitel werden dann zuerst andere Studien und ein Überblick über alle im DAX 30 notierten Unternehmen vorgestellt. Anschließend werden im gleichen Kapitel die ausgesuchten DAX 30 Unternehmen

---
[10] Vgl. Coenenberg / Salfeld, 2007, S. 281

kurz vorgestellt und ihre Geschäftsberichte 2011 und weitere Informationen auf die oben genannten Fragestellungen hin detailliert analysiert. In diesem Kapitel wird auch der Nutzen als Beurteilungsgröße für die Entlohnung von Vorständen untersucht und die Fragen der Vergleichbarkeit und dem Nutzen einer wertorientierten Unternehmensführung sowie Berichterstattung für die Investoren und Aktionäre beantwortet. Für Investoren werden Handlungsempfehlungen ausgesprochen und zum Schluss des Kapitels erfolgt nochmals eine zusammengefasste Darstellung der Ergebnisse.

Im vierten und letzten Kapitel wird zudem auf Probleme bei der Untersuchung und neuere Entwicklungen eingegangen, bevor die Studie mit einer eigenen Kritik und Wertung zum behandelten Thema endet.

2 Definition der Fachbegriffe, Kennzahlen und Berechnungsmethoden

Im folgenden Kapitel werden zuerst die wichtigsten Fachbegriffe beschrieben und abgegrenzt. In einem weiteren Schritt werden die bedeutendsten und am häufigsten verwendeten Kennzahlen und deren Berechnungsmethoden vorgestellt und genau definiert. Da einige Kennzahlen und Begriffe sowohl im englische als auch im deutschen eine Bedeutungen bzw. einen Namen haben, ist an passenden Stellen die jeweilige Übersetzung einmalig in Klammer angegeben.

2.1 Fachbegriffe

Um einheitliche Begriffsbestimmungen und Abgrenzungen zu erhalten, werden im Folgenden die für diese Studie notwendigen Fachbegriffe behandelt. Es erfolgt dann noch eine Vorstellung der Historie und eine genaue Definition des Begriffs der wertorientierten Unternehmensführung.

2.1.1 Barwert und Kapitalwert

Als Barwert (englisch: *cash value* oder auch *present value*) wird der heutige Zeitwert einer zukünftigen Zahlungsreihe bezeichnet, welchen man durch eine Abzinsung der Zahlungsströme mit einem Diskontierungsfaktor auf den heutigen Zeitpunkt erhält.[11] Demnach wird der Barwert durch die drei Faktoren zukünftige Zahlungsströme, Diskontierungssatz und Laufzeit festgelegt. Der Kapitalwert (englisch: *net present value*) ist die Differenz zwischen dem Barwert der zukünftigen Einzahlungsüberschüsse und der Anschaffungsauszahlung.[12]

Abbildung 1 Formel Barwert

$$K_0 = \frac{K_n}{(1+i)^n}$$

K_0 = Kapital zum Zeitpunkt t_0; i = Zinssatz; n = Anzahl der Jahre;

K_n = Kapital zum Zeitpunkt t_n

Quelle: Beck, Formelsammlung, S. 4

---

[11] Vgl. Coenenberg / Haller / Schultze, 2009b, S. 102
[12] Vgl. Christians, Kapitalverwendung, S. 11

2.1.2 Interner Zinsfuß

Der interne Zinsfuß oder auch interne Zinssatz (englisch: *internal rate of return*) einer Investition ist der Zinssatz, bei dessen Verwendung als Kalkulationszinssatz ein Kapitalwert von Null herauskommt, wobei der Barwert der Einzahlungen gleich dem Barwert der Auszahlungen ist.[13] Man wählt in der Regel die Investitionsalternative aus, welche den größten internen Zinsfuß hat.[14]

Abbildung 2 Formel Interner Zinsfuß

$$r = \frac{|z_1| - |z_0|}{|z_0|}$$

r = interner Zinssatz; $|z_0|$ = Zahlungsstrom der Periode 0;
$|z_1|$ = Zahlungsstrom der Periode 1;

Quelle: Findeisen, 2010, S. 90

2.1.3 Kapitalkosten und Kapitalkostensatz

Kapitalkosten (englisch: *cost of capital*) sind Opportunitätskosten und stellen den Gegenwert für einen entgangenen Nutzen durch die Bereitstellung des Kapitals für betriebliche Zwecke dar.[15] Sie setzen sich aus den kalkulatorischen Abschreibungen und den kalkulatorischen Zinsen zusammen.[16] Der Kapitalkostensatz gibt die Größe in Prozent wieder, mit der Investoren in der Praxis auf das Eigenkapital einen Verzinsungsanspruch erheben.[17] Dieser Mindestverzinsungsanspruch der Investoren entspricht aus Sicht der Unternehmen (Eigen-)kapitalkosten, da hiermit Auszahlungen an die Eigenkapitalgeber verbunden sind.[18]

2.1.4 Cashflow

Durch den Cashflow (deutsch: in etwa *Finanzfluss* – wird jedoch generell englisch bezeichnet) können weitere Erkenntnisse über die Ertrags- und Finanzkraft eines Unternehmens gewonnen werden.[19] Durch die Bildung der Kennzahl werden Manipulationsmöglichkeiten in der Bilanz verringert und Investoren die Unternehmensbewertung erleichtert.[20] Der Cashflow lässt sich sowohl bei der Aktienanalyse, bei der

---

[13] Vgl. Jahn, Kapitalmarkt, S.1
[14] Vgl. Findeisen, 2010, S. 88
[15] Vgl. Coenenberg / Fischer / Günther, 2009a, S. 86
[16] Vgl. Dillerup / Albrecht, Internetquelle-d, S. 2
[17] Vgl. Kauffmann / Götzenberger, 2006, S.188
[18] Vgl. Husmann, 2003, S. 80
[19] Vgl. Rössle / Tiede, 2006, S. 69
[20] Vgl. o.V., Online Lehrbuch

Innenfinanzierung, der Bewegungsbilanz, dem dynamischen Verschuldungsgrad als auch zur langfristen Finanzplanung einsetzen.[21] Coenenberg unterscheidet zwischen mehreren Arten des Cashflows, welche sowohl sparten- als auch unternehmensweit berechnet werden können und bei denen es teilweise noch unterschiedliche Ermittlungsverfahren gibt:

- Operativer Cashflow (auch Cashflow aus laufender Geschäftstätigkeit genannt),
- Cashflow der Investitionstätigkeit,
- Free Cashflow (Saldo aus dem operativen Cashflow und dem Cashflow der Investitionstätigkeit),
- Cashflow aus Finanzierungstätigkeit,
- Brutto Cashflow und
- Netto Cashflow.[22]

Abbildung 3 Vereinfachter Cashflow

Ergebnis
+/- Abschreibungen/Zuschreibungen
+/- Ergebniswirksame Erhöhung/Verminderungen von langfristigen Rückstellungen
= Vereinfachter Cashflow

Quelle: eigene Darstellung nach Coenenberg, 2009, S. 798

Der Cashflow eines Geschäftsbereichs wird über die spartenbezogene Finanzierungs- oder Kapitalflussrechnung ermittelt und dann in eine unternehmensweite Finanzierungs- bzw. Kapitalflussrechnung eingebunden.[23]

Abbildung 4 Kapitalflussrechnung

Operativer Cashflow
+/- Investitions Cashflow
= Free Cashflow (Geldsaldo)
+/- Finanzierungs Cashflow
= Veränderung des Finanzmittelfonds

Quelle: eigene Darstellung nach Coenenberg, 2009, S. 797

---

[21] Vgl. o.V., Online Lehrbuch
[22] Vgl. Coenenberg / Fischer / Günther, 2009a, S. 797 ff.
[23] Vgl. Mansch / Wysocki, 1996, S. 56 ff.

Der operative Cashflow besteht aus dem Brutto Cashflow, der auch als ertragsnaher Cashflow bezeichnet wird und der sich sowohl direkt als auch indirekt ermitteln lässt, sowie den Veränderungen des Nettoumlaufvermögens bzw. dem Netto Cashflow.[24]

Abbildung 5 Operativer Cashflow, Brutto und Netto Cashflow

Operativer Cashflow

      Brutto Cashflow
+/- Veränderungen des Nettoumlaufvermögens
=   Operativer Cashflow

Brutto Cashflow

- Direkt

      Einnahmenwirksame Erträge
-   Ausgabenwirksame Aufwendungen
=   Brutto Cashflow

- Indirekt

      Ergebnis
+ Ausgabenunwirksame Aufwendungen
-   Einnahmenunwirksame Erträge
=   Brutto Cashflow

Netto Cashflow / Netto Umlaufvermögen

      Vorräte
+ Forderungen aus Lieferungen und Leistungen
-   Verbindlichkeiten aus Lieferungen und Leistungen
-   Erhaltene Anzahlungen
=   Netto Umlaufvermögen

Quelle: eigene Darstellung nach Coenenberg, 2009, S. 798

Es hat sich noch kein einheitliches und theoretisches Gesamtkonzept zur Ermittlung der verschiedenen Cashflows entwickelt, weshalb in der Praxis verschiedene Berechnungsmethoden Anwendung finden.[25] Die Deutsche Vereinigung für Finanzanalyse und die Schmalenbach-Gesellschaft empfehlen für die direkte Ermittlung eine einheitliche Berechnungsmethode wie sie in Anhang 1 dargestellt ist, welche jedoch

---

[24] Vgl. Coenenberg / Fischer / Günther, 2009a, S. 797 ff.
[25] Jentzsch, 2009, S. 24

auch modifiziert angewendet wird.[26] Externe Betrachter können auf Grund mangelnder Informationen nur die indirekte Methode anwenden, die deshalb auch Praktikermethode genannt wird.[27]

2.1.5 Wertorientierte Unternehmensführung und Shareholder Value

Wie bereits in der Einleitung der Studie erwähnt, gibt es einen Unterschied zwischen der wertorientierten Unternehmensführung und dem Shareholder Value-Ansatz (deutsch: *Aktionärswert*) bzw. ist dieser eine Ausprägung der wertorientierten Unternehmensführung.[28] Zum besseren Verständnis und zur Abgrenzung wird zuerst auf diese beiden Begriffe eingegangen und noch ein Überblick über die geschichtliche Entwicklung und Notwendigkeit gegeben. Außerdem werden die Kernaufgaben der wertorientierten Unternehmensführung aufgezeigt und einige aus der traditionellen Betriebswirtschaft übernommenen Konzepte genannt.

2.1.5.1 Abgrenzung und Definition

Diese Studie definiert wertorientierte Unternehmensführung als ganzheitliches Führungskonzept, das durch die Denk- und Verhaltensweisen der Mitarbeiter sowie einer am fundamentalen Wert des Unternehmens ausgerichteten Prozessgestaltung zu einer Steigerung des Unternehmenswertes führt.[29] Der fundamentale Wert des Unternehmens kann auch als innerer Wert bezeichnet werden und ergibt sich aus einer Diskontierung sämtlicher zukünftiger Zahlungsströme auf einen Bewertungsstichtag.[30] Durch das zugrundeliegende jeweilige Risiko wird der Zeitwert eines Zahlungsstroms beeinflusst und durch die Diskontierung berücksichtigt (je höher das Risiko, desto stärker werden die zukünftigen Zahlungen diskontiert).[31]

Der Shareholder Value-Ansatz geht, wie bereits zu Anfang dieser Studie erwähnt, auf die 1986 in den USA erschienenen Veröffentlichungen zu „Creating Shareholder Value" von Rappaport zurück, bei denen der Begriff Shareholder Value das Aktionärsvermögen, d. h. den Marktwert des Eigenkapitals, bezeichnet.[32] Dieser Marktwert wird durch die Multiplikation von Aktienmenge und dem Börsenkurs der Aktie berechnet, welcher wiederum durch die Erwartungen der Aktionäre auf die zukünftige

---

[26] Münch, 2004, S. 10
[27] Mittelmaier, 2009, S. 13
[28] Vgl. Stiefl / Westerholt, 2008, S. 3
[29] Vgl. Banzhaf, 2006, S. 134
[30] Vgl. Wenzel, 2005, S. 109
[31] Vgl. Stiefl / Westerholt, 2008, S. 4
[32] Vgl. Rappaport, 1999, S. 1 ff.

Rendite und deren Kaufverhalten bestimmt wird.[33] Ziel des Shareholder Value-Ansatz ist damit die Maximierung der Eigentümerrendite, die sich aus den Kurswertsteigerungen und Dividendenzahlungen ergibt.[34]

Der Hauptunterschied zwischen wertorientierter Unternehmensführung und Shareholder Value ist somit das jeweilige oberste Ziel: Die wertorientierte Unternehmensführung verfolgt eine Maximierung des inneren Unternehmenswertes, während der Shareholder Value-Ansatz die Maximierung der Eigentümerrendite als oberstes Ziel festsetzt.[35] Wie aus Anhang 2 ersichtlich, sind beide Ziele lediglich in einem vollkommenen Markt identisch.[36]

Da der Begriff „wertorientierte Unternehmensführung" aber an und für sich nicht den Weg zur Erreichung des Ziels definiert, kann er als Oberbegriff aller Konzepte verstanden werden, die eine Wertsteigerung des Unternehmens verfolgen und ist damit auch für die Ausprägung Shareholder Value zutreffend.[37] Die Literatur diskutiert die Unterschiede sehr ausführlich, wobei einige Autoren beide Begriffe bewusst synonym verwenden und andere eine strikte Trennung fordern.[38] Vor diesem Hintergrund kam es zu einer Diskussion und schließlich schärferen Abgrenzung der Begriffe Wertschaffung und Wertverteilung: Wertschaffung entspricht dabei der Sichtweise der wertorientierten Unternehmensführung und Wertverteilung der Sichtweise des Shareholder Value-Ansatzes.[39] Während bei den meisten Autoren ein Konsens über die Notwendigkeit der Steigerung des inneren Wertes über eine Wertschaffung besteht, wird die Wertverteilung weiterhin kritisch und in einigen Ausprägungen nicht zum Wohle aller Beteiligten angesehen.[40] In der Praxis wirken sich die unterschiedlichen Ziele z. B. so aus, dass ein wertorientiertes Unternehmen bzw. dessen Management sich ständig auf der Suche nach neuen strategiekonformen Investitionsmöglichkeiten auf dem Gütermarkt befinden, deren Renditen die Kapitalkosten übersteigen.[41] Beim Shareholder Value-Ansatz wird hingegen versucht, die Lage auf dem Kapitalmarkt zu verbessern und es werden folgende Strategien verfolgt:

---

[33] Vgl. Stiefl / Westerholt, 2008, S. 4 f.
[34] Vgl. Rappaport, 1999, S. 15
[35] Vgl. Stiefl / Westerholt, 2008, S. 6
[36] Vgl. Anhang 2
[37] Vgl. Stiefl / Westerholt, 2008, S. 6
[38] Vgl. Faul, 2005, S. 32 f.
[39] Vgl. Becker, 2000, S. 7
[40] Vgl. Coenenberg / Salfeld, 2007, S. 3 ff.
[41] Vgl. Stiefl / Westerholt, 2008, S. 7

- Kann der Cashflow nicht zu Renditen oberhalb der Kapitalkosten investiert werden, wird er an die Aktionäre ausgeschüttet und
- bei einer angenommenen Unterbewertung werden Aktienrückkaufprogramme aufgelegt.[42]

In der Realität kann beobachtet werden, dass dieses kurzfristiges Handeln zwar den Aktienkurs positiv beeinflussen kann, die Spätfolgen oder der Aufbau von Informationsasymmetrien aber auch schädlich sein können und nicht überall gewünscht sind.[43]

2.1.5.2 Entwicklung und Notwendigkeit

Wertorientierte Ansätze in der Unternehmensführung gibt es bereits seit einigen hundert Jahren.[44] Wie erwähnt stellt wertorientierte Unternehmensführung einen Oberbegriff für mehrere Konzepte, u. a. den Shareholder Value-Ansatz, dar. Die Literatur geht deshalb davon aus, dass die heutige wissenschaftliche Entwicklung von wertorientierter Unternehmensführung erst durch die Veröffentlichungen von Rappaport zum Shareholder Value-Ansatz erschlossen wurde.[45] Diese Entwicklung entstand nicht zufällig, sondern vor dem Hintergrund einiger Rahmenbedingungen:

- Gemäß Rappaport kam es zu vielen feindlichen Unternehmensübernahmen, die durch einen Unterschied bzw. eine Wertlücke zwischen dem Börsenkurs und dem strategischen Wert des Unternehmens hervorgerufen wurden.[46] Als Folge stellten die Vorstände die Wertschaffung für die Eigenkapitalgeber in den Mittelpunkt der Handlungen, um so feindliche Übernahmen zu verhindern.[47]
- Der Einfluss und die Erwartungen von immer größeren institutionellen Investoren, wie z. B. Pensions- und Investmentfonds, generierten einen großen Leistungsdruck bei den Unternehmen.[48] Durch die fortschreitende Globalisierung der Finanzmärkte wuchs dieser Druck noch weiter an.[49]
- Herkömmliche Kennzahlen konnten durch ihre Herkunft aus der traditionellen Buchhaltung das Informationsbedürfnis der Investoren nicht befriedigen, und

---

[42] Vgl. Rappaport, 1999, S. 114
[43] Vgl. Stiefl / Westerholt, 2008, S. 8
[44] Vgl. Plaschke, 2003, S. 1 ff.
[45] Vgl. Wenzel, 2005, S. 33
[46] Vgl. Rappaport, 1999, S. 2
[47] Vgl. Rappaport, 1999, S. 2
[48] Vgl. Stiefl / Westerholt, 2008, S. 9
[49] Vgl. Günther, 2000, S. 69

die bis heute andauernde Kritik an herkömmlichen Bilanzkennzahlen begünstigte nachhaltig die Entwicklung neuer wertorientierter Kennzahlen unter dem Shareholder Value-Ansatz.[50]

- Da das Management und die Eigentümer nicht immer die gleichen Ziele verfolgen und Informationsasymmetrien zwischen beiden Gruppen bestehen, kann es zu Schwierigkeiten und einem Misserfolg des Unternehmens kommen.[51] Dies wird z. B. auch durch die sog. Prinzipal-Agenten-Theorie bekräftigt.[52]

Abbildung 6 Rahmenbedingungen zur Entwicklung des Shareholder Value-Ansatz

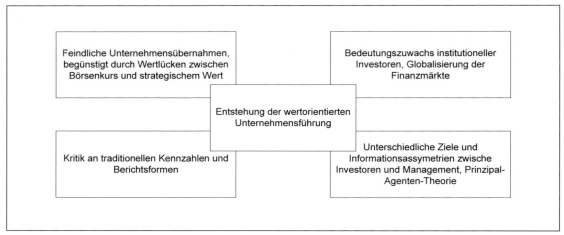

Quelle: eigene Darstellung nach Stiefl / Westerholt, 2008, S. 11

Der Shareholder Value-Ansatz der wertorientierten Unternehmensführung wurde in den USA sehr schnell in der Praxis eingeführt, in Deutschland wurde er jedoch erstmals 1993 durch die Veba Öl AG umgesetzt.[53] Durch eine Änderung des deutschen Anlegerverhaltens hin zu mehr Aktien und einem Bedeutungszuwachs institutioneller Anleger verzeichnet der Shareholder Value-Ansatz in der Zeit von 1993 bis heute auch in Deutschland regen Zuspruch und Anwendung in der Praxis.[54] Im gleichen Zeitraum wächst auch die Kritik an einer zu kurzfristigen Ausrichtung des Shareholder Value-Ansatzes, was zu der in Kapitel 2.1.5.1 beschriebenen Diskussion über die Wertschaffung und Wertverteilung führt.[55] Die Entwicklung der wertorientierten Unternehmensführung entspricht demnach einem dialektischen Prozess, welcher mit der bis in die 1980er Jahre herrschenden These, dass die Eigentümerinteressen

---

[50] Vgl. Günther, 2000, S. 70
[51] Vgl. Rappaport, 1999, Vorwort XV
[52] Vgl. Jensen / Meckling, 1976, S. 305 ff.
[53] Vgl. o.V., 1996, S. 1
[54] Vgl. Faul, 2005, S. 28
[55] Vgl. Skrzipek, 2005, S. 38 ff.

wenig relevant sind, beginnt. Der Prozess wird mit der Antithese durch Rappaport, dass die Eigentümerrendite das oberste Ziel ist, weiterentwickelt und ergibt am Ende die Vereinigung bzw. Synthese beider Auffassungen durch eine Steigerung des inneren Unternehmenswertes und somit einer mittelfristigen aber relativ sicheren und hohen Eigentümerrendite.[56] Die hohe Bedeutung ist durch eine empirische Umfrage belegt, wonach im Jahr 2005 insgesamt 84% aller deutschen börsennotierten Unternehmen einer wertorientierten Unternehmensführung und dementsprechender Berichterstattung einen hohen Stellenwert bescheinigen.[57] Obwohl sich in den Geschäftsberichten 2010 alle DAX 30 Unternehmen zu einer Wertorientierung bekennen, liegen nur von 23 Unternehmen konkrete Aussagen und Informationen zu dem verwendeten wertorientierten Steuerungskonzept vor, womit der Anteil mit wertorientiertem Steuerungskonzepten bei 77% liegt.[58]

2.1.5.3 Kernaufgaben und adaptierte betriebswirtschaftliche Konzepte

Die vier Kernaufgaben der wertorientierten Unternehmensführung sind die Unternehmensbewertung, die Messung des Periodenerfolges, die wertorientierte Vergütung sowie die Bewertung von Strategien und Projekten.[59]

Wertorientierte Unternehmensführung ist deshalb so erfolgreich, weil Rappaport im Shareholder Value-Ansatz auf bewährte und bekannte Methoden aus der Betriebswirtschaftslehre zurückgreift und nichts komplett Neues erfindet, sondern Elemente der Kapitalmarkttheorie und der strategischen Unternehmensführung zu einem wertorientierten Managementkonzept zusammenfügt.[60] Diese Tatsache wird auch von anderen Autoren bestätigt.[61] Dabei sind besonders folgende Elemente von großer Bedeutung:

- dynamische Investitionsrechnung zur Berechnung des Barwert künftiger Zahlungsströme,
- Methoden zur Ermittlung der ewigen Rente und zur Bestimmung der Eigenkapitalkosten,
- Entwicklung des Discounted Cashflow-Rechenansatz,
- grundlegende Erkenntnisse des strategischen Managements und

---

[56] Vgl. Stiefl / Westerholt, 2008, S. 12
[57] Vgl. Wenzel, 2005, S. 268
[58] Vgl. Britzelmaier u.a., 2011, S. 4
[59] Vgl. Stiefl / Westerholt, 2008, S. 15
[60] Vgl. Grundy, 2002, S. 21
[61] Vgl. Burger, 2002, S. 594

- die von Michael Porter geprägten Erkenntnisse und Strategien zur Generierung von Wettbewerbsvorteilen.[62]

2.2 Kennzahlen und Berechnungsmethoden

Im folgenden Abschnitt wird auf die bedeutendsten Kennzahlen und deren Berechnungsmethoden eingegangen. Abbildung 7 liefert einen Überblick über die wichtigsten wertorientierten Kennzahlen und deren Kategorisierung. Diese können nach Inhalt und Datenbasis unterschieden werden, wobei man beim Inhalt zwischen absoluten und relativen Kennzahlen differenziert: Relative Kennzahlen setzen den Erfolg in Relation zum Kapitaleinsatz, absolute Kennzahlen messen den Wertbeitrag einer Periode.[63] Wird dem Erfolg der Kapitaleinsatz entgegengestellt, handelt es sich um Rentabilitätskennzahlen und wird der absolute Wertbeitrag einer Periode gemessen, handelt es sich um Wertbeitragskennzahlen.[64] Als jeweilige Datenbasis werden entweder Cashflow- oder Ergebnisgrößen verwendet.[65]

Abbildung 7 Kategorisierung wertorientierter Kennzahlen

Basis für die Kennzahlen	Wertbeitragskennzalen (absolute Kennzahlen)	Rentabilitätskennzahlen (relative Kennzahlen)
Ergebnis / Gewinn	Economic Value Added (EVA) Economic Profit (EP) Geschäftswertbeitrag (GWB)	Return on Capital Employed (RoCE) Return on Net Assets (RoNA)
Cashflow	Cash Value Added (CVA)	Cashflow Return on Investment (CFRoI) Shareholder Value Return (SVR)

Quelle: eigene Darstellung nach Steinhauer, 2007, S. 117

---

[62] Vgl. Stiefl / Westerholt, 2008, S. 13
[63] Vgl. Voigt, 2012, S. 8
[64] Vgl. Voigt, 2012, S. 8
[65] Vgl. Steinhauer, 2007, S. 117

Wertbeitragskennzahlen sind eine Form des Residualgewinns, welcher sich als Erfolgsgröße einer Periode abzüglich der Kapitalkosten definiert und unterscheiden sich in Modifikationen bei der jeweiligen Berechnungsmethode.[66] Rentabilitätskennzahlen verwenden die gleichen Berechnungselemente und so lässt sich der in Abbildung 8 gezeigte prinzipielle Zusammenhang zwischen beiden Formen darstellen.[67]

Abbildung 8 Zusammenhang von Wertbeitrags- und Rentabilitätskennzahlen

$$RG = (RoC - WACC) * K_{t-1}$$

RG = Residualgewinn; RoC = eine Rentabilitätskennzahl;
WACC = gewogener Kapitalkostensatz; K_{t-1} = Kapital der Vorperiode

Quelle: eigene Darstellung nach Ewert / Wagenhofer, 2000, S. 26

2.2.1 Return on Capital Employed und Return on Net Assets

Mit Hilfe von Daten aus dem Jahresabschluss wird bei der Ermittlung des Return on Capital Employed (RoCE) und dem Return on Net Assets (RoNA) eine Ergebnisgröße in Relation zu einer Kapitalgröße gesetzt und stellt damit eine Kapitalrentabilitätskennzahl dar.[68] Damit soll die Wirtschaftlichkeit des Kapitaleinsatzes beurteilt werden.[69] Der Unterschied zwischen dem RoCE sowie dem RoNA auf der einen und anderen Kapitalrentabilitätskennzahlen auf der anderen Seite liegt darin, dass sie auf die operative Ertragskraft eines Unternehmens bzw. einer Geschäftseinheit ausgerichtet sind sowie sich beim RoCE nur auf das gebundene Kapital und beim RoNA nur auf das gebundene Vermögen beziehen.[70] Das gebundene Kapital setzt sich aus dem Eigenkapital und den Finanzschulden zusammen, das gebundene Vermögen aus dem Anlagevermögen und dem Netto-Umlaufvermögen.[71]

Abbildung 9 RoCE und RoNA nach Coenenberg u.a.

$$RoCE = \frac{Ergebnis\ vor\ Zinsaufwand}{Gebundenes\ Kapital}$$

$$RoNA = \frac{Ergebnis\ vor\ Zinsaufwand}{Gebundenes\ Vermögen}$$

Quelle: Coenenberg / Fischer / Günther, 2009a, S. 778

---

[66] Vgl. Voigt, 2012, S. 8
[67] Vgl. Ewert / Wagenhofer, 2000, S. 26
[68] Vgl. Voigt, 2012, S. 20
[69] Vgl. Berens / Schmitting / Wöhrmann, 2005, S. 2 f.
[70] Vgl. Coenenberg / Fischer / Günther, 2009a, S. 778
[71] Vgl. Coenenberg / Fischer / Günther, 2009a, S. 778

In der Praxis ergeben sich große Spielräume für Unternehmen und somit Probleme in der Vergleichbarkeit für Investoren, da die einzelnen Berechnungselemente nicht fest vorgeschrieben sind.[72] Wenn ausschließlich der RoCE oder RoNA betrachtet werden, können wegen der fehlenden Bezugnahme zu den Kapitalkosten keine Aussagen über die Wertentwicklung des Unternehmens abgeleitet werden.[73]

2.2.2 Discounted Cashflow

Der Discounted Cashflow-Rechenansatz geht wie in Kapitel 2.1.5.3 beschrieben, ebenfalls auf Rappaport zurück. Das Besondere an diesem Rechenansatz ist, dass es irrelevant ist, ob das Unternehmen eine Steigerung des inneren Unternehmenswertes oder der Maximierung der Eingentümerrendite verfolgt.[74]

Er wird vor allem zur Bestimmung des Unternehmenswertes als Referenzverfahren herangezogen, wird aber in der Praxis für schwer verständlich, komplex sowie für sehr aufwendig gehalten.[75] Da die Ergebnisse nicht leicht kommunizierbar sind und Investoren auf Grund des Fehlens von geeigneten Daten keine Prognosen machen können, werden häufig periodenbezogene Alternativen verwendet, da diese periodisierten Größen auch die in der Periode erbrachten Leistungen aufzeigen.[76]

Wie in Abbildung 10 ersichtlich, gibt es eine Vielzahl an unterschiedlichen Verfahren zur Berechnung des Discounted Cashflow (deutsch: *abgezinster Cashflow*). Alle Verfahren verwenden Methoden zur Berechnung eines Kapitalwerts als barwertige Summe künftiger Zahlungsströme und wollen die zukünftigen Nettoausschüttungen an die Investoren herausfinden.[77]

---

[72] Vgl. Voigt, 2012, S. 20
[73] Vgl. Coenenberg / Mattner / Schultze, 2003, S. 14 f.
[74] Vgl. Stiefl / Westerholt, 2008, S. 13
[75] Vgl. Steinhauer, 2007, S. 117
[76] Vgl. Coenenberg / Mattner / Schultze, 2003, S. 6
[77] Vgl. Stiefl, 2005, S. 213

Abbildung 10 Unterschiedliche Verfahren zur DCF Ermittlung

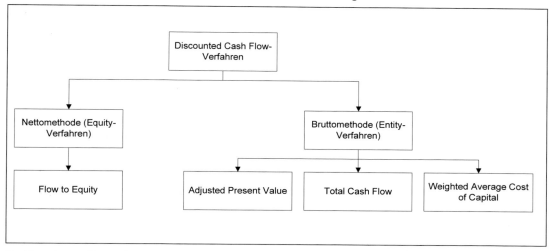

Quelle: eigene Darstellung nach Stiefl / Westerholt, 2008, S. 27

In der Praxis hat sich bei den DCF-Ansätzen der Weighted Average Cost of Capital-Ansatz (deutsch: *gewichteter durchschnittlicher Kapitalkostensatz*) verbreitet, bei dem zukünftige und unverschuldete Free Cashflows diskontiert werden.[78] Diese Studie geht deshalb besonders auf das Weighted Average Cost of Capital-Verfahren (WACC) ein, welches auch bei Rappaport Verwendung findet.[79] Eine ausführliche Beschreibung der anderen Verfahren findet sich in der Literatur u. a. bei Dirk Hachmeister und Marijke Dück-Rath.[80] Es müssen neben dem WACC noch weitere Determinanten zur Bestimmung des Unternehmenswerts bzw. des Eigenkapitalwertes ermittelt werden, die im folgenden Abschnitt nach der von Rappaport vorgeschlagenen Methode definiert werden.

2.2.3 Determinanten des Discounted Cashflow-Ansatz nach Rappaport

Mit dem DCF-Ansatz wird der Unternehmenswert als barwertige Summe aller erwarteten Free Cashflows angegeben, was dadurch erreicht wird, dass der Barwert der erwarteten Free Cashflows mit einem Abzinsungsfaktor auf den heutigen Zeitpunkt diskontiert wird.[81] Die kompletten Kosten des Kapitals werden durch den Diskontierungsfaktor berücksichtigt bzw. abgezogen.[82] Die erwarteten Cashflows werden unterteilt in solche, die während einer kommenden, i. d. R. fünf- bis zehnjährigen Prognoseperiode anfallen, und die restlichen, die in weiterer Zukunft liegen und für die mit dem Modell der ewigen Rente ein Residualwert berechnet wird, der ebenfalls

---

[78] Vgl. Muche, 2008, S. 67
[79] Vgl. Rappaport, 1999, S. 40 ff.
[80] Vgl. Hachmeister, 2000, S. 252 ff. sowie vgl. Dück-Rath, 2005, S. 37 ff.
[81] Vgl. Rappaport, 1999, S. 45
[82] Vgl. Knorren, 1998, S. 53

auf den heutigen Zeitpunkt diskontiert wird.[83] Für die Ermittlung des gegenwärtigen Wertes aller erwarteten Cashflows ist eine Bestimmung des Kapitalkostensatzes als Diskontierungsfaktor notwendig.[84] Damit sind die den Unternehmenswert bestimmenden Determinaten folgende:

- der Gegenstandwert der erwarteten Free Cashflows aus dem betrachteten Prognosezeitraum,
- dem Kapitalkostensatz als Diskontierungsfaktor (also der WACC) und
- dem Residualwert als Barwert der nach dem betrachteten Prognosezeitraum liegenden erwarteten Free Cashflows.

2.2.3.1 Free Cashflow

Für Rappaport sind die betrieblichen Free Cashflows weit relevanter als die Ausrichtung an Buchwertgrößen, da sie die verfügbaren Zahlungsmittel darstellen, mit denen die Ansprüche von Fremd- und Eigenkapitalgebern befriedigt werden können.[85] Er definiert den Free Cashflow dabei als die Differenz zwischen betrieblichen Ein- und Auszahlungen.[86] Im Free Cashflow sind keine Fremdkapitalzahlungsströme berücksichtigt, da diese wie die Kosten des Eigenkapitals im Diskontierungsfaktor berücksichtigt werden.[87] Abbildung 11 zeigt Rappaports Formel zur Berechnung des Free Cashflow, die vereinfacht ausgedrückt aussagt, dass der Free Cashflow die Differenz zwischen dem Gewinn nach geldwirksamen Steuern und den Zusatzinvestitionen darstellt.[88]

Abbildung 11 Formel zur Berechnung des Free Cashflows nach Rappaport

$$Free\ Cashflow = U_{t-1} * (1 + w_t^U) * g_t * (1 - s_t) - [U_{t-1} * w_t^U * (w_t^{AV} + w_t^{UV})]$$

U_{t-1} = Umsatz des Vorjahres; w_t^U = Wachstumsrate des Umsatzes;

g_t = Betriebliche Gewinnmarge vor Steuern; s_t = Cash-Gewinnsteuersatz;

w_t^{AV} = Zusatzinvestitionsrate im Anlagevermögen;

w_t^{UV} = Zusatzinvestitionsrate im Umlaufvermögen

Quelle: eigene Darstellung nach Drukarczyk, 1997, S. 5

In der Literatur wird die Frage diskutiert, ob nicht eine Anpassung der Ermittlungsmethode angebracht wäre, da bei der aktuellen Methode bspw. keine Rückstellungs-

---

[83] Vgl. Stiefl / Westerholt, 2008, S. 28
[84] Vgl. Stiefl / Westerholt, 2008, S. 28
[85] Vgl. Rappaport, 1999, S. 40
[86] Vgl. Rappaport, 1999, S. 39
[87] Vgl. Rappaport, 1999, S. 40 f.
[88] Vgl. Drukarczyk, 1997, S. 4 f.

erhöhungen oder eine Veränderung des immateriellen Firmenwerts Berücksichtigung finden, wie es z. B. bei den Rechenansätzen zum EVA oder CFRoI der Fall ist.[89]

2.2.3.2 Weighted Average Cost of Capital und Capital Asset Pricing Model

Der DCF-Ansatz verwendet für jedes Unternehmen einen individuellen Kapitalkostensatz, der dem gewichteten Mittel der Fremd- und Eigenkapitalkosten (WACC) entspricht.[90] Abbildung 12 zeigt die Formel und ein Rechenbeispiel zum WACC.

Abbildung 12 Formel und Rechenbeispiel zum WACC

$$WACC = \frac{EK * EK_i}{GK} + \frac{FK * FK_i}{GK}$$

WACC = Weighted Average Cost of Capital; EK = Eigenkapital; FK = Fremdkapital; GK = Gesamtkapital; EK_i = Eigenkapitalkosten; FK_i = Fremdkapitalkosten;

Annahme 1: EK_i zukünftig 11,1 % und EK-Anteil 65%
Annahme 2: FK_i zukünftig 5,7 % und FK-Anteil 35%
⇨ WACC = 5,7 * 0,35 + 11,1 * 0,65 = 9,21%

Quelle: eigene Darstellung nach Stiefl / Westerholt, 2008, S. 32

Damit bildet der WACC den Diskontierungsfaktor der erwarteten Cashflows und ist gleichzeitig der Grenzwert für die Wirtschaftlichkeit einer Investition, da bei einer unter den Kapitalkosten liegenden Rendite der Unternehmenswert verringert wird.[91] Diese einfache Erkenntnis gilt in der Literatur als eines der Grundprinzipien wertorientierter Unternehmensführung.[92] Der WACC gilt in der Praxis als eine der beliebtesten und bekanntesten Methoden.[93]

Wie aus Abbildung 12 hervorgeht, sind für die Berechnung des WACC sowohl Kenntnisse über die Renditeforderungen der Fremd- und Eigenkapitalgeber als auch der Kapitalstruktur erforderlich, da sich in diesem Zusammenhang ein sogenanntes Zirkularitätsproblem ergibt.[94] Dabei hängen beide Forderungen direkt von der Kapitalstruktur ab, über die der Verschuldungsgrad des Unternehmens abgelesen werden kann, was sich wiederum in Form eines Risikoindikators auf die geforderte Verzin-

---

[89] Vgl. Stiefl / Westerholt, 2008, S. 31
[90] Vgl. Rappaport, 1999, S. 44
[91] Vgl. Rappaport, 1999, S. 44
[92] Vgl. Copeland / Koller / Murrin, 2002, S. 19
[93] Vgl. Essler / Kruschwitz / Löffler, 2004, S. 134
[94] Vgl. Copeland / Koller / Murrin, 2002, S. 252 f.

sung auswirkt.[95] Zudem kann ohne Kenntnis über die geforderte Verzinsung keine Kapitalstruktur festgelegt werden.[96] Rappaport löst dieses Zirkularitätsproblem indem er fordert, sich auf eine langfristig geplante Zielkapitalstruktur festzulegen und damit die Prognose der Fremdkapitalkosten durch die Einholung von Bankinformationen einfach zu ermöglichen.[97] Da die Einschätzung der Eigenkapitalkosten schwieriger ist, bedient sich Rappaport, wie in Abbildung 13 ersichtlich, der Hilfe des Capital Asset Pricing Model (deutsch: *Preismodell für Kapitalgüter* oder *Kapitalgutpreismodell*), womit man ein Verfahren zur Bestimmung der vom Markt geforderten Eigenkapitalkosten erhält.[98]

Abbildung 13 Ermittlung der Eigenkapitalkosten mit der CAPM-Methode

$$r_{EK} = r_f + r_p$$

$$r_{EK} = r_f + \beta * (r_m - r_f)$$

r_{EK} = geforderte Verzinsung des Eigenkapitals; r_f = risikofreier Zinssatz; r_m = durchschnittliche Marktrendite; r_p = Risikoprämie; β = Risikohöhe

Quelle: eigene Darstellung nach Rappaport, 1999, S. 46

2.2.3.3 Residualwert

Der Residualwert macht einen Großteil des Unternehmenswertes aus, er drückt dabei den Wert aus, der nach dem betrachteten Prognosezeitraum anfällt und hat somit einen großen Einfluss auf das Verfahren, welches zur Bestimmung benutzt wird. Gemäß Rappaport gibt es keine allgemeingültige Formel, da die jeweiligen Umfeldbedingungen bei der Wahl berücksichtigt sowie die eingesetzten Variablen auf Plausibilität überprüft werden müssen.[99] Man unterteilt die unterschiedlichen möglichen Verfahren in zwei Gruppen, bei denen die einen von einer Fortführung der Unternehmenstätigkeit nach dem Prognosezeitraum und die anderen von einem Einstellen der Unternehmenstätigkeit nach dem Prognosezeitraum ausgehen.[100] Innerhalb der Gruppen gibt es wiederum zahlreiche Verfahren, wobei bei den Fortführungsverfahren das Verfahren der ewigen Rente am bedeutendsten ist.[101] Da die Studie im Praxisteil nur Unternehmen betrachtet die fortgeführt werden sollen, wird

---

[95] Vgl. Rappaport, 1999, S. 44 f.
[96] Vgl. Rappaport, 1999, S. 44 f.
[97] Vgl. Rappaport, 1999, S. 45
[98] Vgl. Rappaport, 1999, S. 45 f.
[99] Vgl. Knorren, 1998, S. 50
[100] Vgl. Stiefl / Westerholt, 2008, S. 35
[101] Vgl. Stiefl / Westerholt, 2008, S. 35

im Weiteren nicht auf das Verfahren zum Ansatz eines Liquidationswerts eingegangen, das bei einer Einstellung der Unternehmensaktivität das am verbreiteteste Verfahren darstellt.[102] Auch Rappaport verwendet das Verfahren der ewigen Rente, bei dem ein Zahlungsstrom, der nach Ende des Prognosezeitraums in konstanter Höhe über unendlich viele Jahre anfällt, zuerst auf den Wert zu Beginn dieser Zahlungsreihe abgezinst wird und man anschließend dieses Ergebnis auf den Bewertungsstichtag diskontiert.[103] Besonders interessant sind in diesem Zusammenhang die Fragen, welche Dauer der Prognosezeitraum hat und in welcher Höhe die konstanten Zahlungsströme erwartet werden. Das Ende des Prognosezeitraums ist definiert als der Zeitpunkt, ab dem sich die Neuinvestitionen des Unternehmens nur noch in der Höhe der Kapitalkosten lohnen.[104] Die Höhe der konstanten Zahlungsströme wird in der Regel mit dem Cashflow des letzten Jahres des Progoneszeitraums angepasst.[105]

Abbildung 14 Berechnung der ewigen Rente nach Rappaport

$$r_{ewg} = \frac{CF_k}{WACC}$$

r_{ewg} = Rentenbarwert; CF_k = konstanter Cashflow;
$WACC$ = Weighted Average Cost of Capital

Quelle: eigene Darstellung nach Rappaport, 1999, S. 50

In der Praxis wird häufig eine Abwandlung der Formel zur Berechnung der ewigen Rente verwendet, welche auch unter dem Namen Gordon-Growth-Modell bekannt ist und bei dem von einer konstanten Wachstumsrate des Umsatzes ausgegangen wird.[106]

Abbildung 15 Gordon-Growth-Formel

$$r_{ewg} = \frac{CF_k}{WACC - g_r}$$

r_{ewg} = Rentenbarwert; CF_k = konstanter Cashflow;
$WACC$ = Weighted Average Cost of Capital; g_r = konstante Wachstumsrate

Quelle: eigene Darstellung nach Küting / Heiden / Lorson, 2000, S. 10

---

[102] Vgl. Hachmeister, 2000, S. 270
[103] Vgl. Stiefl / Westerholt, 2008, S. 35
[104] Vgl. Drukarczyk, 1997, S. 7
[105] Vgl. Bausch / Pape, 2005, S. 480
[106] Vgl. Küting / Heiden / Lorson, 2000, S. 10

2.2.4 Cashflow Return on Investment

Im folgenden Abschnitt wird zuerst ein Überblick über den Ursprung, die Entwicklung sowie die Bedeutung der Kennzahl Cashflow Return on Investment (CFRoI) behandelt. Danach werden die wichtigsten Bestandteile und die Berechnungsmethode der ursprünglichen Kennzahl und ihrer Weiterentwicklung detailliert vorgestellt.

2.2.4.1 Ursprung und Bedeutung

Die Kennzahl CFRoI wurde Anfang der 1990er Jahre durch die Unternehmensberatung The Boston Consulting Group (BCG) entwickelt und besonders durch ein aus dem Jahr 1994 stammendes Standardwerk von Thomas Lewis geprägt.[107] Lewis berechnet den CFRoI dabei mit Hilfe der internen Zinsfußmethode und betrachtet das Unternehmen als Investition an sich, weshalb sich für auf dieser Basis ermittelte CFRoIs auch teilweise die aus dem englischen abgeleitete Abkürzung IRR-CFRoI (Internal Rate of Return – Cashflow Return on Investment) benutzt wird.[108]

Ende der 1990er Jahre wurde die Kennzahl von der BCG weiterentwickelt und erstmals von Daniel Stelter 1998 als sogenannter algebraischer CFRoI näher beschrieben.[109] Mit Hilfe des CFRoI lassen sich Aussagen über die Vorteilhaftigkeit von Investitionsprojekten treffen.[110] Auch wenn die BCG inzwischen in der Beratung überwiegend den algebraischen CFRoI empfiehlt, gehen andere Autoren dazu über, das ursprüngliche Konzept zu bevorzugen oder empfehlen eine jeweilige Einzelfallentscheidung.[111]

2.2.4.2 Bestandteile und Berechnungsmethoden

Die beiden bedeutendsten Bestandteile des CFRoI, egal ob in der ursprünglichen Berechnungsmethode oder in der neuen algebraischen Form, sind der Brutto Cashflow und die Bruttoinvestitionsbasis, welche bei beiden Verfahren identisch berechnet werden.[112]

Im Gegensatz zu dem in 2.1.4 von Coenenberg stammenden theoretischen Brutto Cashflow zielt Lewis auf eine Korrektur von buchhalterischen Verzerrungen, um so einen Zahlungsüberschuss zu erhalten, bei dem der Unternehmensgewinn schon um

---

[107] Vgl. Lewis, 1994, S. 1 ff.
[108] Vgl. Pilzecker, 2011, S. 28 f.
[109] Vgl. Plaschke, 2003, S. 145 ff.
[110] Vgl. Lehmann, 1994, S. 97
[111] Vgl. Weber u.a., 2004, S. 93 f.
[112] Vgl. Voigt, 2012, S. 13 ff.

die Steuern bereinigt ist.[113] Es gibt Autoren wie z. B. Frank Plaschke, die zu Lewis Berechnungsschema empfehlen, die Netto-Zuführungen der langfristigen Rückstellungen zum Brutto Cashflow hinzuzufügen bzw. Netto-Minderungen der langfristigen Rückstellungen vom Brutto Cashflow abzuziehen.[114]

Abbildung 16 Berechnung des Brutto Cashflow nach Lewis

Bruttto Cashflow	=	Gewinn nach Steuern
	+	Abschreibungen
	+	Zinsaufwand
	+	Mietaufwand
	+	FIFO/LIFO
	+	Inflationsgewinn/-verlust

Quelle: Lewis, 1994, S. 60

Das Berechnungsschema für die Bruttoinvestitionsbasis ergibt sich aus Abbildung 17, welche gemäß Lewis das ganze zu einem bestimmten Zeitpunkt in das Unternehmen investierte Kapital abzüglich der unverzinslichen Verbindlichkeiten darstellt.[115]

Abbildung 17 Berechnung der Bruttoinvestitionsbasis nach Lewis

Brutttoinvestitionsbasis	=	Buchmäßige Aktiva
	-	nicht verzinsliche Verbindlichkeiten
	+	kumulierte Abschreibungen
	+	Infaltionsanpassung
	+	kapitalisierte Mitaufwendungen
	-	Goodwill

Quelle: Lewis, 1994, S. 41

Zur Berechnung des IRR-CFRoI kann die zugehörige Formel nicht ohne weiteres nach ihm aufgelöst werden, weshalb man ihn nur mit der sogenannten regula falsi näherungsweise berechnen kann.[116] Zur Anwendung der regula falsi ist es jedoch erforderlich, durch zweimaliges Einsetzen eines sogenannten Versuchszinssatzes in die IRR-CFRoI Formel sowohl einen positiven als auch negativen Kapitalwert zu

---

[113] Vgl. Lewis, 1994, S. 41 ff.
[114] Vgl. Plaschke, 2003, S. 89 ff.
[115] Vgl. Lewis, 1994, S. 42
[116] Vgl. Däumler, 2003, S. 91 ff.

erhalten.[117] Abbildung 18 enthält beide Formeln und anhand von Anhang 3 lässt sich ein Rechenbeispiel nachvollziehen.

Abbildung 18 IRR-CFRoI Formel und regula falsi

IRR-CFRoI
$$0 = -BIB + \sum_{t=1}^{n} \frac{BCF}{(1 + CFROI_{IRR})^t} + \frac{naA}{(1 + CFROI_{IRR})^n}$$ BIB = Bruttoinvestitionsbasis; BCF = Brutto Cashflow; naA = nicht abschreibbares Anlagevermögen; n = Nutzungsdauer des Sachanlagevermögens
regula falsi $$r = i_1 - KW_1 * \frac{(i_2 - i_1)}{(KW_2 - KW_1)}$$ r = interner Zinsfuß bzw. IRR-CFRoI; i_1 = Versuchszins 1; i_2 = Versuchszins 2; KW_1 = Kapitalwert bei i_1; KW_2 = Kapitalwert bei i_2

Quelle: eigene Darstellung nach Stiefl / Westerholt, 2008, S. 50

Wie bereits erwähnt entwickelte BCG den CFRoI von der internen Zinsfußmethode hin zum algebraischen CFRoI weiter, was ihm eine nachhaltigere Eigenschaft einbringen soll.[118] Diese Nachhaltigkeit wird erzielt, indem die sogenannte ökonomische Abschreibung, welche mit Hilfe des Rückwärtsverteilungsfaktors berechnet wird, wie in Abbildung 19 ersichtlich, vom Brutto Cashflow abgezogen wird. Hierdurch wird der Betrag abgezogen, der jährlich verzinst zurückgelegt werden muss, damit das in den abschreibbaren Aktiva angelegte Kapital über die komplette ökonomische Nutzungsdauer zurückverdient wird.[119]

---

[117] Vgl. Stiefl / Westerholt, 2008, S. 51
[118] Vgl. Weber u.a., 2004, S. 75
[119] Vgl. Plaschke, 2003, S. 145

Abbildung 19 Algebraischer CFRoI und Berechnung der ökonomischen Abschreibung

Algebraischer CFRoI

$$CFRoI_{alg} = \frac{BCF - öA}{BIB}$$

BCF = Brutto Cashflow; BIB = Bruttoinvestitionsbasis;

öA = ökonomische Abschreibungen

Ökonomische Abschreibung

$$öA = \frac{WACC}{(1+WACC)^n - 1} * aA$$

BCF = Brutto Cashflow; BIB = Bruttoinvestitionsbasis;

öA = ökonomische Abschreibungen;

WACC = Weighted Average Cost of Capital;

$(1 + WACC)^n - 1$ = Rückwärtsverteilungsfaktor;

aA = abschreibbare Aktiva

Quelle: eigene Darstellung nach Stiefl / Westerholt, 2008, S. 53 f.

Der Unterschied zwischen beiden Berechnungsverfahren liegt darin, dass angenommen wird, dass beim internen Zinsfuß die Cashflows wieder in Höhe des CFRoI und beim algebraischen Verfahren in Höhe des WACC angelegt werden.[120] Dieser auf den ersten Blick recht geringe Unterschied kann dennoch zu unterschiedlichen Ergebnissen führen. Wenn die Rendite des CFRoI über der von den Eigen- und Fremdkapitalgebern geforderten Verzinsung nach dem WACC liegt, wird ein Mehrwert geschaffen, liegt sie darunter, werden Werte im Unternehmen vernichtet.[121] Da die Literatur den Wiederanlagegedanken des IRR-CFRoI kritisiert, kann der algebraische CFRoI als die realistischere Kennzahl betrachtet werden.[122]

2.2.5 Cash Value Added

Im folgenden Abschnitt wird wie in der bisherigen Vorgehensweise zuerst ein Überblick über den Ursprung, die Entwicklung sowie die Bedeutung der Kennzahl Cashflow Value Added (CVA) behandelt. Danach werden ebenfalls die wichtigsten Bestandteile und Berechnungsmethode der Kennzahl detailliert vorgestellt.

---

[120] Vgl. Weber u.a., 2004, S. 145
[121] Vgl. Pilzecker, 2011, S. 29
[122] Vgl. Weber u.a., 2004, S. 125 sowie vgl. Heidecker, 2003, S. 82

2.2.5.1 Ursprung und Bedeutung

Der CVA wurde wie der CFRoI von BCG entwickelt und ist eng mit diesem verwandt bzw. nutzt diesen weiterhin als Rechengröße.[123] Es handelt sich dabei um ein Residualgewinnkonzept mit einem Cashflow-Ansatz.[124] Beim Residualgewinnkonzept geht man davon aus, dass der Barwert eines Projektes, welches gerade einmal seine eigenen Kapitalkosten erwirtschaftet, genau dem Wert der Anfangsinvestition entspricht und somit einen Kapitalwert von null aufzeigt.[125] Ein Unternehmen, das nur Projekte mit einem Kapitalwert von null durchführt, wäre nur so viel wert wie die Summe der in ihm gebundenen Investitionen und folglich wird der Unternehmenswert nur gesteigert, wenn Investitionen getätigt werden, deren Gegenwartswerte die ursprünglichen Investitionsausgaben übersteigen.[126] Sein Hauptanwendungsgebiet ist zunächst die Unternehmensbewertung.[127] Er findet in der Praxis aber auch teilweise bei der Managementvergütung Anwendung.[128]

2.2.5.2 Bestandteile und Berechnungsmethode

Zur Ermittlung des CVA wird der CFRoI dem WACC gegenübergestellt und die sich daraus ergebende Differenz, welche auch Spread, Residualrendite oder Überrendite genannt wird, mit dem investierten Kapital multipliziert.[129] Über die Determinanten CFRoI, WACC und investiertes Kapital lassen sich Rückschlüsse auf Werttreiber und deren Wirkung ziehen.[130] Der CVA, den man mit der CVA-Formel in Abbildung 19 berechnen kann, stellt den durch das Unternehmen oder einzelne Geschäftseinheiten erwirtschafteten realen Wertzuwachs innerhalb einer Periode dar. Da die Wertbeiträge eines Projektes, einer Strategie oder einer Unternehmenseinheit meistens über die Dauer von einer Periode anhalten, lässt sich die Wertgenerierung nur durch ein Ermitteln des Barwerts aller errechneten CVAs erreichen, was aus der zweiten Formel in Abbildung 20 ersichtlich wird.[131] Der damit ermittelte Unternehmenswert entspricht den zukünftigen und diskontierten Free Cashflows, wobei sich die erzielte wertsteigernde Wirkung durch einen Vergleich von erwartetem und realisiertem CVA

---

[123] Vgl. Pilzecker, 2011, S. 29
[124] Vgl. Coenenberg / Salfeld, 2007, S. 266
[125] Vgl. Coenenberg / Salfeld, 2007, S. 264
[126] Vgl. Coenenberg / Salfeld, 2007, S. 264
[127] Vgl. Voigt, 2012, S. 17
[128] Vgl. Voigt, 2002, S. 19
[129] Vgl. Pilzecker, 2011, S. 29
[130] Vgl. Coenenberg / Salfeld, 2007, S. 266
[131] Vgl. Pilzecker, 2011, S. 27 f.

ermitteln lässt.[132] In der Praxis wird als Referenzwert häufig der CVA aus der Vorperiode betrachtet, weshalb hier auch nicht der absolute Wert, sondern die Veränderung, auch ΔCVA genannt, als Performancemaß angesehen wird.[133]

Abbildung 20 CVA-Formel und Gesamtunternehmenswert

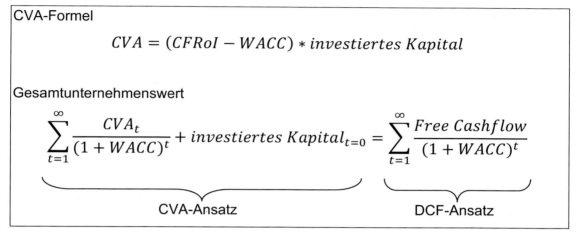

Quelle: eigene Darstellung nach Coenenberg / Salfeld, 2008, S. 266 f.

2.2.6 Economic Value Added

Wie in der bisherigen Vorgehensweise wird wieder zuerst ein Überblick über den Ursprung, die Entwicklung sowie die Bedeutung der Kennzahl Economic Value Added (EVA) gegeben. Danach werden wieder die wichtigsten Bestandteile und Berechnungsmethode der Kennzahl im Detail vorgestellt.

2.2.6.1 Ursprung und Bedeutung

Der EVA ist eine urheberrechtlich geschützte Entwicklung der Unternehmensberatung Stern Stewart & Co und wird in einem 1991 von G. Bennet Stewart III veröffentlichten Buch erstmals genauer vorgestellt.[134] Dabei stellt er eine Messgröße für den wirtschaftlichen Gewinn dar und wird aus der Differenz zwischen dem operativen Geschäftsergebnis vor Zinsen und nach Steuern, gebräuchlich in der englischen Abkürzung NOPAT (Net Operating Profit After Tax), und den Opportunitätskosten des investierten Kapitals ermittelt, welche aus dem WACC und der Summe des eingesetzten Kapitals ermittelt werden.[135]

---

[132] Vgl. Coenenberg / Salfeld, 2007, S. 267
[133] Vgl. Coenenberg / Salfeld, 2007, S. 267
[134] Vgl. Groll, 2003, S.55
[135] Vgl. o.V., Stern Stewart

Abbildung 21 Economic Value Added

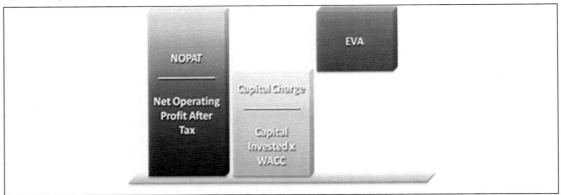

Quelle: o.V., Stern Stewart

Innerhalb der wertorientierten Unternehmensführung nimmt das Konzept des EVA inzwischen eine weite Verbreitung ein und es gibt unter verschiedenen Namen eine Reihe sehr ähnlicher Konzepte, als Beispiel sei hier der sogenannte Geschäftswertbeitrag der Siemens AG genannt.[136] Es handelt sich dabei um ein Residualgewinnkonzept bei dem nur über den Kapitalkosten liegende Rentabilität eine Wertsteigerung schafft, was wiederum auch als Übergewinn bezeichnet wird, da dies der Wert ist, der die Kosten von Eigen- und Fremdkapital übersteigt.[137]

2.2.6.2 Bestandteile und Berechnungsmethode

Die in Abbildung 22 aufgezeigte Formel zur Berechnung des EVA lässt den Eindruck zu, dass es sich um ein einfach anzuwendendes Verfahren handelt, da die benötigten Daten aus dem externen Rechnungswesen (englisch: *accounting*) entnommen werden können.

Abbildung 22 Formel zur EVA-Berechnung

$$EVA_t = NOPAT_t - k_{WACC} * Capital_{t-1}$$

EVA_t = Economic Value Added; $NOPAT_t$ = Net Operating Profit After Tax;
k_{WACC} = durchschnittlich gewichteter Kapitalkostensatz (WACC);
$Capital_{t-1}$ = Investiertes Kapital zu Beginn der Periode t;

Quelle: eigene Darstellung nach Stiefl / Westerholt, 2008, S. 59

Da man dem EVA aber eine ökonomische (englisch: *economic*) Sichtweise verleihen möchte, werden die Daten nach gewissen Kriterien angepasst, um deren Aussagekraft zu steigern.[138] Dabei werden beim investierten Kapital und NOPAT bis zu 164

---

[136] Vgl. Pilzecker, 2011, S. 27
[137] Vgl. Britzelmaier, 2009, S. 116
[138] Vgl. Voigt, 2012, S. 9

Anpassungen (englisch: *conversions*) durchgeführt.[139] Dieser Prozess wird auch häufig als Konversion vom Accounting Model in das Economic Model bezeichnet.[140] Die Anpassungen müssen immer mit der Bedingung durchgeführt werden, dass Änderungen am investierten Kapital auch entsprechende Änderungen am NOPAT und umgekehrt nach sich ziehen.[141] Außerdem lassen sich die möglichen Anpassungen wie folgt unterteilen:

- Operating Conversions – Bereinigung um außerbetriebliche und außerperiodische Einflüsse,
- Funding Conversions – Identifizierung und Bereinigung von versteckten Finanzierungsformen,
- Shareholder Conversions – Anpassung der Bewertung von Vermögens- und Ergebnisgrößen an die Sicht der Investoren,
- Tax Conversions – Bereinigung der bilanziellen Steuerlast um die Auswirkungen der übrigens Conversions und Schaffung einer fiktiven Steuerlast, welche als Basis für weitere Berechnungen angenommen wird.[142]

Welche Anpassungen genau vorgenommen werden, muss unternehmensindividuell entschieden werden, wobei die oben angegebene Reihenfolge eingehalten werden muss (z. B. zur Vermeidung einer falschen fiktiven Steuerlast) und Stewart folgende Entscheidungskriterien für Anpassungen empfiehlt:

- Beeinflusst die Anpassung den EVA maßgeblich,
- ist die anzupassende Position überhaupt durch das Management beeinflussbar,
- wird die Anpassung von den Nutzern verstanden und
- wie leicht sind die für die Anpassung notwendigen Informationen erhältlich?[143]

Nur wenn ein Unternehmen alle Aspekte positiv beantworten kann, sollen Anpassungen vorgenommen werden, womit in der Praxis die Zahl der Anpassungen sinkt.[144]

---

[139] Vgl. Skrzipek, 2005, S. 33
[140] Vgl. Weißenberger / Blome, 2005, S. 3
[141] Vgl. Weißenberger / Blome, 2005, S. 5
[142] Vgl. Weber u.a., 2004, S. 58 f. sowie Vgl. Weißenberger / Blome, 2005, S. 6
[143] Vgl. Weißenberger / Blome, 2005, S. 10
[144] Vgl. Stiefl / Westerholt, 2008, S. 51

2.3 Vor- und Nachteile von RoCE, RoNA, DCF, EVA, CFRoI und CVA sowie Übertragbarkeit auf die vier Kernaufgaben

Dieses Kapitel zeigt zuerst die wichtigsten Vor- und Nachteile der einzelnen Kennzahlen und Rechenansätze. Danach werden die Einsatzgebiete der Kennzahlen und Rechenansätze auf die vier Kernaufgaben der wertorientierten Unternehmensführung übertragen. Der Leser soll so erfahren, welcher Ansatz sich für welche Aktivität am besten eignet.

2.3.1 Vor und Nachteile des RoCE und RoNA

Durch die Konzentration auf den operativen Bereich wird der Fokus enger und die Aussagekraft über die Leistung des Managements erhöht.[145] Durch die Ableitung der Berechnungselemente aus dem Jahresabschluss werden Manipulationsmöglichkeiten eliminiert und es kann branchenspezifisch untersucht werden, welche Vermögenspositionen viel bzw. wenig Kapital binden.[146] Im Gegensatz zu Kennzahlen wie dem RoI sind Zähler und Nenner bei RoCE und RoNA konsistent definiert, was so viel bedeutet wie, dass im Zähler nur Bestandteile enthalten sein können, die im Nenner dem Kapital bzw. dem Vermögen zugeordnet werden können.[147] Durch RoCE bzw. RoNA wird der nachhaltige Erfolg des Unternehmens nicht richtig abgebildet, da hierzu auch die finanziellen Aktivitäten berücksichtigt werden müssen.[148] Da es keine einheitliche Definition für beide Kennzahlen gibt, sinkt die Aussagekraft und die Vergleichbarkeit zwischen Unternehmen.[149]

2.3.2 Vor- und Nachteile des DCF

Die Vorteile des DCF liegen, wie in der Literatur mehrfach bestätigt, vor allem in seiner Anwendbarkeit und Einfachheit im Zuge von Unternehmensbewertungen sowie seiner Zukunftsorientierung, womit zukünftige Investitionen berücksichtigt werden können.[150] Durch die ausschließliche Betrachtung von Cashflows ist man darüber hinaus unabhängig von bilanziellen Abschreibungen, und es lässt sich vergleichsweise einfach ein Unternehmenswert berechnen.[151] Der größte Kritikpunkt ist jedoch die relativ einfache Manipulationsfähigkeit des Ansatzes, da bereits durch geringfügige Änderungen bei den Annahmen für den konstanten Cashflow, der dem

---

[145] Vgl. Bertl / Fröhlich, 2005, S. 245
[146] Vgl. Voigt, 2012, S. 21
[147] Vgl. Ewert / Wagenhofer, 2000, S. 26 f.
[148] Vgl. Lachnit / Müller, 2002, S. 2555
[149] Vgl. Voigt, 2012, S. 22
[150] Vgl. Droste u.a., 2006, S. 28
[151] Vgl. Stiefl / Westerholt, 2008, S. 70

Residualwert zugrunde liegt, große Veränderungen des Unternehmenswerts erreicht werden können.[152] Auch wenn die konstanten Cashflows durch sorgfältige Analysen bestimmt werden, bleibt trotzdem noch eine Unsicherheit bezüglich der zukünftigen Entwicklung und dies bietet wieder Raum für Manipulationen.[153]

2.3.3 Vor- und Nachteile des EVA

Die auf den ersten Blick einfache Berechnung machen den EVA besonders interessant, da hierdurch das Ergebnis leicht kommunizierbar und dies immer wieder als Grund für die weite Verbreitung angeführt wird.[154] Die Einfachheit und Kommunizierbarkeit stammt daher, dass der EVA über drei Werthebel bzw. Wertsteigerungsmöglichkeiten, nämlich die Steigerung der Gewinne, die Senkung des investierten Kapitals oder eine Reduzierung des Kapitalkostensatz verfügt.[155] Dabei wird den Mitarbeitern und Managern die Bedeutung der Kapitalkosten verdeutlicht und deren Bewusstsein dafür geschärft, dass die erfolgreiche Kapitalbindung ein Erfolgsfaktor für das Unternehmen ist.[156] Vor der Durchführung von Anpassungen, sprich in seiner einfachsten Form, kann der EVA auch von externen Betrachtern durch die Verwendung von Daten aus der Bilanz leicht errechnet werden.[157] Durch Anpassungen werden die ökonomische Sichtweise und die unternehmensindividuellen Rahmenbedingungen berücksichtigt, was wiederum eine effektive Unternehmenssteuerung und bessere Vergleichbarkeit mit anderen Unternehmen ermöglicht.[158] Der Name Economic Value Added suggeriert eine Wertsteigerungsmessung, was jedoch nicht der Fall ist.[159] Die Maximierung des EVA führt nicht automatisch auch zu einer Maximierung des Unternehmenswertes.[160] Durch die Neueinführung von Anpassungen oder den Verzicht auf bisherige Anpassungen besteht die Gefahr von Manipulationen, was dadurch begünstigt wird, dass diese unternehmensindividuellen Anpassungen nirgends verbindlich vorgeschrieben sind.[161] Außerdem stehen der durch Anpassungen vorgenommenen Steigerung der Aussagekraft des EVA die hierfür notwendigen Ressourcen und ein steigender Komplexitätsgrad gegenüber.[162] Zudem ist der EVA

---

[152] Vgl. Weber u.a., 2004, S. 98
[153] Vgl. Stiefl / Westerholt, 2008, S. 70
[154] Vgl. Weißenberger / Blome, 2005, S. 2
[155] Vgl. Stiefl / Westerholt, 2008, S. 78
[156] Vgl. Weber u.a., 2004, S. 129
[157] Vgl. Stiefl / Westerholt, 2008, S. 78
[158] Vgl. Lewis, 1994, S. 60
[159] Vgl. Skrzipek, 2005, S. 35
[160] Vgl. Schaffer, 2005, S. 21
[161] Vgl. Weber u.a., 2004, S. 99
[162] Vgl. Weißenberger / Blome, 2005, S. 10

trotz der Vornahme von Anpassungen eine vergangenheitsbezogene Größe, welche wegen dem Bezug zu Buchwerten auch Verzerrungen durch Abschreibungen unterliegen kann.[163] Die Übernahme der bilanziellen Abschreibungen ist ein zentraler Kritikpunkt, da sich hierdurch ein altersabhängiger Renditeeffekt negativ auf die Aussagekraft des EVA einwirkt.[164] Oftmals lassen Manager Wachstumsoptionen ungenutzt, da sie der Senkung des investierten Kapitals zu viel Bedeutung beimessen.[165]

2.3.4 Vor- und Nachteile des CFRoI

Wie der DCF hat der CFRoI den Vorteil, dass er unabhängig von durch Abschreibungen verursachten Verzerrungen ist.[166] Dadurch lässt sich der Wertverzehr durch Abschreibungen besser darstellen und bei manchen Unternehmen kann er trotz der aufwendigeren Berechnung eine ökonomischere Sichtweise auf die Periodenergebnisse als der EVA bieten.[167] Als Nachteil werden in der Literatur oftmals die hohe Komplexität und der große Aufwand bei der Implementierung angeführt.[168] Nur wenn das Konzept des CFRoI vollständig von den Mitarbeitern verstanden wird, kann es erfolgreich umgesetzt werden.[169] Der CFRoI verwendet außerdem eine relative Größe als Kennzahl, wobei eine Unternehmenssteuerung über relative Größen – egal ob CFRoI, RoI, ROCE oder ähnliche Kennzahlen – immer den Nachteil hat, dass die zugrundeliegende Kapitalbasis nicht berücksichtigt wird.[170] Eine Orientierung an der Maximierung des CFRoI hätte im schlimmsten Fall zur Folge, dass nur eine Investition, nämlich die mit dem höchsten CFRoI, getätigt wird und alle anderen unbeachtet bleiben.[171] Ein weiterer zentraler Kritikpunkt ist der große Einfluss von Veränderungen bei den Annahmen über die durchschnittliche Nutzungsdauer, da deren Berechnungen für externe Betrachter schwer nachvollzierbar sind.[172] Ob der IRR-CFRoI oder der algebraische CFRoI verständlicher und aussagekräftiger ist, wird in der Literatur sehr umstritten diskutiert, hat aber auf diese Studie keinen direkten Einfluss.[173]

---

[163] Vgl. Rappaport, 1999, S. 150
[164] Vgl. Weber u.a., 2004, S. 335 f.
[165] Vgl. Kröger, 2005, S. 14
[166] Vgl. Lewis, 1994, S. 106
[167] Vgl. Stiefl / Westerholt, 2008, S. 71
[168] Vgl. Coenenberg / Salfeld, 2007, S. 266 ff.
[169] Vgl. Rappaport, 2006, S. 36
[170] Vgl. Weber u.a., 2004, S. 76
[171] Vgl. Balachandran, 2006, S. 385
[172] Vgl. Weber u.a., 2004, S. 99
[173] Vgl. Groll, 2003, S. 94 sowie vgl. Stiefl / Westerholt, 2008, S. 76

2.3.5 Vor- und Nachteile des CVA

Da der CVA in engem Zusammenhang mit dem CFRoI steht, übertragen sich dessen Vor- und Nachteile auf den CVA.[174] Durch die Überführung des CFRoI als relative Größe hin zum CVA als absolute Größe wird die Gefahr eines Desinvestitionsanreizes eliminiert.[175] Der CVA besitzt auf Grund seiner Eigenschaften eine gute Eignung für die Periodenerfolgsmessung, wobei dies von Studien zur Korrelation zwischen der Entwicklung des CVA und des Aktienkurs bestätigt wird.[176] Der CVA errechnet mit dem Residualgewinn der aktuellen Periode zwar einen absoluten Wert, dieser ist jedoch vergangenheitsbezogen und weist keinen direkten Bezug zur Wertsteigerung auf, womit der Name Cash Value Added genau wie der Name Economic Value Added einen falschen Hintergrund suggerieren.[177] Für eine Aussage zur Wertsteigerung der Periode wäre eine Analyse der Auswirkungen der abgelaufenen Periode auf sämtliche zukünftigen Residualgewinne notwendig.[178]

2.3.6 Kennzahlen und Kernaufgaben

In Bezug auf die vier Kernaufgaben der wertorientierten Unternehmensführung aus Kapitel 2.1.5.3 können folgende vier Aussagen getroffen werden:

- Prinzipiell eignen sich alle vorgestellten Methoden für eine Bewertung des Unternehmenswertes, der DCF-Ansatz ist auf Grund seiner Beschaffenheit jedoch am geeignetsten und verbreitetesten;
- Bei der Messung des Periodenerfolges erscheint der DCF-Ansatz wenig geeignet, da er hier sehr manipulationsanfällig ist und es kommen der CVA sowie EVA zum Einsatz;
- Für die Bewertung von Strategien und Projekten wird der DCF-Ansatz verwendet, da der Ablauf sehr einer Unternehmensbewertung ähnelt;
- Da sich eine wertorientierte Vergütung am Periodenerfolg orientieren sollte, eignen sich für diese Aktivität wiederum der CVA und EVA am besten.[179]

Anhang 4 zeigt eine unvollständige Übersicht sowie die Eignung über die möglichen Einsatzgebiete der Kennzahlen in den vier Kernaufgaben der wertorientierten Unternehmensführung. Nicht jede Kennzahl ist für jedes Aufgabengebiet geeignet bzw. gibt es in der Praxis Abwandlungen, welche eine andere Kategorisierung zulassen.

---

[174] Vgl. Stiefl / Westerholt, 2008, S. 77
[175] Vgl. Stiefl / Westerholt, 2008, S. 77
[176] Vgl. Rappaport, 2006, S. 26 f.
[177] Vgl. Groll, 2003, S. 96
[178] Vgl. Hebertinger, 2002, S. 172
[179] Vgl. Stiefl / Westerholt, 2008, S. 82 ff.

2.4 Wertorientierte variable Managementvergütung

Bei einer variablen Vergütung erhält die betreffende Person neben einem festen Grundgehalt, auch Fixum genannt, einen weiteren, variablen Gehaltsbestandteil, der an gewisse Bedingungen geknüpft ist und welcher bei Erfolg zugesprochen oder bei Misserfolg nicht gewährt wird.[180] Die Ausrichtung der variablen Managementvergütung an nicht-wertorientierten Kennzahlen, wie z.B. dem bilanziellen Periodenerfolg, ist zwar noch immer weit verbreitet, gibt aber einigen Anlass zur Kritik: dem Management werden falsche Anreize gesetzt - z.B. durch kurzfristige Gewinnsteigerungen zu Lasten von Investitionen in Forschung und Entwicklung – und es kommt mittel- bis langfristig zu einem Wertverlust für die Anteilseigner.[181]

Wertorientierte Vergütungssysteme setzen dem Management Anreize, den Unternehmenswert zu steigern.[182] Sie helfen somit dabei, die wertorientierte Denkweise und das darauf ausgerichtete Handeln besser und schneller bei den Mitarbeitern zu verinnerlichen.[183] Als Argumente für deren Einführung können folgende Punkte als aussagekräftig erachtet werden:

- Erhöhung der Management- und Unternehmensleistung,
- Akquise und Bindung von Führungskräften,
- Erfüllung der Erwartungen der Shareholder,
- Minimierung des Prinzipal-Agenten-Problems zwischen Management und Anteilseignern, welches in Abschnitt 2.1.5.2 beschrieben wird sowie
- Schaffung von transparenten Vergütungssystemen und dem Entgegenkommen gegenüber der Forderung einer gerechten Entlohnung.[184]

Trotz dieser Argumente bekennt sich bisher nur etwa die Hälfte der großen Kapitalgesellschaften zu einem System der wertorientierten variablen Managementvergütung.[185]

Bei der Einführung einer wertorientierten variablen Managementvergütung ist die Findung und Festlegung auf eine geeignete Bemessungsgrundlage von großer Bedeutung, welche dann in der Regel auf dem Aktienkurs oder wertorientierten Kennzahlen basiert.[186] Wie die Entlohnung im Erfolgsfall genau ausgestaltet wird, liegt an der Vertragsfreiheit der Beteiligten und der Genehmigung durch den Aufsichtsrat,

---

[180] Vgl. Droste u.a., 2006, S. 45
[181] Vgl. Stiefl / Westerholt, 2008, S. 22 sowie vgl. Rappaport, 1999, S. 137
[182] Vgl. Langguth, 2008, S. 189
[183] Vgl. Pilzecker, 2011, S. 55
[184] Vgl. Langguth, 2008, S. 189
[185] Vgl. Britzelmaier u.a., 2011, S. 7
[186] Vgl. Pilzecker, 2011. S. 56

denkbar sind z.B. Aktienoptionen mit oder ohne Sperrfrist, Bonuszahlungen, Belegschaftsaktien, und noch einige andere Formen.[187] Zu den Konzernabschlüssen gehören detaillierte Angaben über die Vorstandsvergütung, welche gemäß den Empfehlungen des Corporate Governance Kodex[188] sowie Vorgaben des HGB, Aktiengesetz und IFRS ausführlich berichtet werden, wodurch sich Investoren umfassend informieren können.[189]

---

[187] Vgl. Pilzecker, S. 56 ff.
[188] Unter dem Corporate Governance Kodex wird ein durch eine Regierungskommission erarbeitetes Regelwerk für Unternehmen verstanden, welches Vorschläge zur guten Unternehmensführung und ethischen Verhaltensweisen macht, die jedoch nicht bindend sind.
[189] Vgl. o.V., Siemens-Geschäftsbericht, S. 36

3 Berichterstattung wertorientierter Unternehmensführung ausgewählter DAX 30 Unternehmen im Geschäftsjahr 2011

Dieses Kapitel behandelt die in der Einleitung gestellten Fragen, sofern nicht schon beantwortet, in Bezug auf ausgewählte DAX 30 Unternehmen. Im Folgenden werden zuerst vorhandene Studien und Geschäftsberichte aller DAX 30 Unternehmen analysiert, bevor in einem weiteren Schritt eine Detailanalyse anhand von vier ausgewählten DAX 30 Unternehmen vorgenommen wird. Anhand dieser Detailanalysen wird anschließend der Nutzen als Beurteilungsgröße für variable Gehaltsbestandteile der Manager und die Vergleichbarkeit der Kennzahlen sowie Angaben zur wertorientierten Unternehmensführung herausgearbeitet. Gegen Ende des Kapitels werden noch Handlungsempfehlungen für Investoren und Aktionäre ausgesprochen und eine Zusammenfassung der Ergebnisse gegeben.

3.1 Analyse der Berichterstattung aller DAX 30 Unternehmen

Der Leitindex der Deutschen Börse AG, der DAX 30 – im folgenden nur noch DAX, setzt sich aus den 30 umsatzstärksten deutschen Kapitalgesellschaften an der Frankfurter Wertpapierbörse, den sogenannten Bluechips, zusammen und hat die Gewichtungskriterien Börsenumsatz sowie Marktkapitalisierung auf Basis des Freefloat, d.h. der frei handelbaren Aktien, die im Besitz vieler Aktionäre sind, und Branchenrepräsentativität.[190] Die genaue Berechnung erfolgt mit Hilfe einer Formel von Laspeyeres.[191] Neben dem DAX gibt es noch eine Vielzahl weiterer Indizes, welche als jeweilige Indexkennzahl die Entwicklung ausgewählter Aktienkurse, Rohstoffe, Volatilitäten etc. aufzeigen soll.[192] Anhang 5 zeigt die Indexzusammensetzung des DAX und Anhang 6 die dazugehörige Indexentwicklung der letzten zehn Jahre.[193] Da eine umfassende Analyse der Anzahl und Art der verwendeten sowie kommunizierten wertorientierten Kennzahlen bzw. wertorientierten Steuerungskonzepten bei allen 30 Unternehmen durch den Umfang der Untersuchung sehr aufwendig ist, wird an dieser Stelle auf die Auswertungen auf Basis der Geschäftsberichte 2010 von Britzelmaier in Abbildung 23 sowie von Voigt in Anhang 7 verwiesen. Die Berichterstattung wertorientierter Kennzahlen sollte gewisse Anforderungen an die Nachvollziehbarkeit, Verständlichkeit und Vollständigkeit erfüllen, weshalb manche

---

[190] Vgl. o.V., Auswahlindizes
[191] Vgl. o.V., Auswahlindizes
[192] Vgl. o.V., Dax-Indices
[193] Vgl. o.V., Dax-Zusammensetzung

Autoren das Auftreten einzelner wertorientierter Kennzahlen in den Geschäftsberichten unterschiedlich bewerten und je nach Fragestellung unterschiedlich in ihre Studien einfließen lassen.[194] Manche Unternehmen machen in den Geschäftsberichten, da gesetzlich nicht erforderlich, keine bis wenige Angaben zu wertorientierter Unternehmensführung und den verwendeten Konzepten und geben, wie beispielsweise die Volkswagen AG, eigene Drucksachen zu wertorientierter Unternehmensführung und finanziellen Steuerungsgrößen heraus, die neben den Geschäftsberichten für eine vollständige Analyse mit einbezogen werden müssen.[195]

Abbildung 23 Anwendung von Steuerungskonzepten in den DAX 30 Unternehmen (absolut)

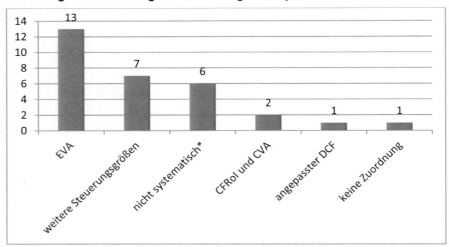

Quelle: Britzelmaier u.a., 2011, S. 5

* keine systematische Anwendung eines wertorientierten Unternehmensführungs-Konzeptes

Vergleicht man die Auswertung Voigts aus Anhang 7 mit den Auswertungen Pilzeckers in Anhang 8, die auf den Daten der Geschäftsberichte 2008 basieren, lässt sich vor diesem Hintergrund eine Veränderung in der Häufigkeit nach außen kommunizierter Kennzahlen feststellen aber gleichzeitig auch erklären. So wird der EVA 2008 nach Pilzeckers Meinung sechsmal offen, verständlich und nachvollziehbar kommuniziert, 2010 sind es nach Voigts Meinung nur drei Unternehmen, die den EVA entsprechend kommunizieren.[196] Zu einem wertorientierten Steuerungskonzept auf Basis des EVA bekennen sich 2010 allerdings insgesamt 13 DAX-Unternehmen, es werden aber, wie oben ausgeführt, nicht alle gestellten Anforderungen erfüllt.[197] Die gewinnbasierte Rentabilitätskennzahl Return on Equity (RoE) wird im Jahr 2008

---

[194] Vgl. Voigt, 2012, S. 25 ff.
[195] Vgl. o.V., Volkswagen-Steuerungsgrößen, S. 1 ff.
[196] Vgl. Anhang 7 sowie vgl. Anhang 8
[197] Vgl. Britzelmaier u.a., S. 4 ff.

dreimal, im Jahr 2010 neunmal von den betrachteten Unternehmen kommuniziert.[198] Da der Return on Equity nicht zu den eigentlichen wertorientierten Konzepten zählt und in der Praxis unterschiedlich definiert wird, erfolgt seine Vorstellung nicht bereits in Kapitel 2, sondern nun anhand von drei Praxisberechnungen. Generell kann gesagt werden, dass der RoE von den Unternehmen als Periodenüberschuss in Relation zum Eigenkapital definiert wird und in der Praxis unter anderem die in Abbildung 24 gezeigten Bestandteile hat.[199]

Abbildung 24 Praxisdefinitionen des RoE

Daimler (Berechnung nur für einzelne Sparten):

$$RoE = \frac{EBIT}{Eigenkapital}$$

Fresenius Medical Care:

$$RoE = \frac{Konzernergebnis\ nach\ Steuern\ (welches\ auf\ die\ Anteilseigner\ entfällt)}{Eigenkapital\ der\ Anteilseigner}$$

Siemens (Berechnung nur für die Sparte Siemens Financial Service – SFS):

$$RoE = \frac{Ergebnis\ nach\ Steuern\ von\ SFS}{\varnothing\ zugeordnetes\ Eigenkapital\ von\ SFS}$$

Quelle: eigene Darstellung auf Basis der Geschäftsberichte 2011

Es muss zudem angemerkt werden, dass es in den Jahren 2008 bis 2010 zu einigen Wechseln in der Zusammensetzung des DAX gekommen ist: so rückt bspw. der Stahlkonzern Salzgitter AG am 22. Dezember 2008 für die Continental AG in den DAX auf, wird jedoch bereits zum 21. Juni 2010 wieder gegen ein anderes Unternehmen, nämlich die HeidelbergCement AG, ausgetauscht.[200] Auch ändert sich die Berichtsstruktur innerhalb eines Unternehmens: nach der weitgehenden Abschaffung des sogenannten Geschäftswertbeitrags, der zuvor immer umfassend kommuniziert wurde, hat die Siemens AG von 2008 bis 2010 relativ wenig Angaben in den Geschäftsberichten oder sonstigen Publikationen zur wertorientierten Unternehmensführung gemacht, jedoch erfolgt seit dem Geschäftsbericht 2011 mit dem sogenannten One Siemens Zielsystem zur nachhaltigen Wertsteigerung wieder eine offenere

---

[198] Vgl. Anhang 7 sowie vgl. Anhang 8
[199] Vgl. Voigt, 2012, S. 34
[200] Vgl. o.V., Zement statt Stahl

Kommunikation über die wertorientierte Unternehmensführung der Siemens AG.[201] Anhang 9 vermittelt zum besseren Verständnis eine Übersicht über die in den Geschäftsberichten 2008 vermittelten Kennzahlen und Anhang 10 vergleicht die Ergebnisse einiger ausgewählter Studien mit ähnlichen Fragestellungen zu DAX-Unternehmen. Es kann gesagt werden, dass auf Grund der fehlenden Bindung an Mindestanforderungen, unterschiedlichen Definitionen und unterschiedlichen Berechnungsmethoden ein Vergleich zwischen Unternehmen sehr aufwendig und teilweise nicht möglich ist.[202] Die Analyse einzelner Unternehmen ist hingegen sehr aufschlussreich, da sich aus den Angaben zur wertorientierten Unternehmensführung, wie im folgenden Abschnitt an ausgewählten Unternehmen dargestellt, sehr viele Informationen gewinnen lassen und somit ein Nutzen für Investoren besteht.

3.2 Analyse von ausgewählten DAX 30 Unternehmen

In diesem Abschnitt werden nur die Siemens AG, die Daimler AG, die ThyssenKrupp AG und die Volkswagen AG detailliert analysiert. Die Auswahl der Unternehmen ist damit zu begründen, dass sie entweder relativ viele Informationen veröffentlichen oder eine andere, herausragende Eigenschaft beim Einsatz der wertorientierten Unternehmensführung besitzen. Es wird zuerst jedes Unternehmen kurz vorgestellt und danach tiefgründig analysiert. Dabei wird vor allem darauf eingegangen, welche wertorientierten Steuerungsgrößen verwendet werden und wie sie sich zusammensetzen, sowie die Angaben zu den Kapitalkosten und Aussagen zu Zielen der Managementausrichtung in den Geschäftsberichten 2011 und weiteren öffentlich zugänglichen Informationen herausgearbeitet. Außerdem steht im Fokus, welche Systeme zur wertorientierten variablen Managementvergütung es bei den betrachteten Unternehmen gibt und wie diese umgesetzt sind. Am Ende eines jeden betrachteten Unternehmens folgt eine abschließende Betrachtung der kommunizierten Informationen.

3.2.1 Siemens AG

Siemens bezeichnet sich selbst als integrierten Technologiekonzern mit einer über 160-jährigen Geschichte, weltweit über 360.000 Mitarbeitern und den Segmenten Industry, Energy, Healthcare, Equity Investments und Financial Services, welche sich nochmals in sogenannte Divisionen untergliedern.[203] Das Geschäftsjahr dauert vom

---

[201] Vgl. Britzelmaier u.a., 2011, S. 5 sowie vgl. o.V., Siemens-Geschäftsbericht 2011, S. 58 ff.
[202] Vgl. Pilzecker, 2011, S. 39
[203] Vgl. o.V., Siemens-Blick, S. 2 ff.

01. Oktober bis zum 30.09. jeden Jahres und im Geschäftsjahr 2011 – welches am 01. Oktober 2010 beginnt und am 30.09.2011 endet – wird von den Sektoren ein operatives Rekordergebnis in Höhe von 9,1 Milliarden Euro erwirtschaftet, was einer Steigerung von 36% zum Vorjahr sowie einem Gewinn aus fortgeführten Aktivitäten in Höhe von 7,011 Milliarden Euro, was wiederum eine Steigerung um fast 2/3 bedeutet, entspricht.[204] Der Umsatz liegt dabei bei 73,515 Milliarden Euro, Vorstandsvorsitzender ist Peter Löscher und Aufsichtsratsvorsitzender ist Gerhard Cromme.[205] Siemens ist mit über 53.000 erteilten Patenten weltweit, wobei pro Arbeitstag im Schnitt 40 neue hinzukommen, eines der in der Patentanmeldung und Innovationskraft führenden deutschen Unternehmen, was sich auch durch eine konstante bzw. leicht steigende Forschungs- und Entwicklungsquote auf hohem Niveau erklären lässt.[206] Anhang 11 zeigt weitere Informationen.

3.2.1.1 Einsatz und Bericht wertorientierter Steuerungsgrößen und Ziele

Wie bereits in Kapitel 3.1 erwähnt, kommuniziert Siemens seit dem Geschäftsbericht 2011 mit One Siemens wieder sehr ausführliche Informationen über Kennzahlen der wertorientierten Unternehmensführung und der damit verknüpften Managementkonzepte. So liegt dem gedruckten Geschäftsbericht ein erster Teil bei, welcher über mehrere Seiten über One Siemens informiert, im Finanzbericht 2011 sind die Berechnungsmethoden der Kennzahlen beschrieben und es gibt eine zusätzliche Informationsbroschüre über One Siemens - alle beschriebenen Dokumente sind auch online verfügbar. One Siemens verfolgt dabei Hauptziele in den Bereichen „Umsatzwachstum", „Kapitaleffizienz und Profitabilität" sowie „Kapitalstruktur", die durch drei strategische Richtungen „Fokus auf innovationsgetriebene Wachstumsmärkte", „Starker Partner unserer Kunden vor Ort" und „Die Kraft von Siemens nutzen" sowie weiteren neun Fokusthemen unterstützt werden.[207] Dabei wird das Umsatzwachstum als wichtigster Treiber für eine langfristige Wertsteigerung gesehen und man möchte stärker als der wesentliche Wettbewerb wachsen, wobei für Akquisitionen strenge Maßstäbe gelten.[208] Siemens erhebt als nächstes den Anspruch, weiterhin profitabel zu sein und das Kapital der Aktionäre möglichst effizient einzusetzen.[209] Hierzu wird die Kennzahl RoCE eingesetzt, welche ebenfalls noch in diesem Abschnitt vorgestellt

---

[204] Vgl. o.V., Siemens-Pressemitteilung
[205] Vgl. o.V., Siemens-Daten
[206] Vgl. o.V., Siemens-Blick, S. 8 f.
[207] Vgl. o.V., Siemens-One, S. 9 f.
[208] Vgl. o.V., Siemens-One, S. 12
[209] Vgl. o.V., Siemens-One, S. 12

wird und man verfolgt überdurchschnittliche Margen der einzelnen Sektoren über Branchen-Zyklen hinweg.[210] Eine gesunde Kapitalstruktur wird als weiteres Ziel angesehen und es wird zu den operativen Steuerungsgrößen eine Kennzahl zur Kapitalstruktursteuerung entwickelt, welche sich als Verhältnis der bereinigten industriellen Nettoverschuldung zum EBITDA definiert.[211] Dieses Verhältnis soll zu einer besseren Steuerung des Verschuldungsgrades in Zukunft weiter optimiert werden.[212] Daneben soll die Kapitalstruktur jederzeit das Rating, den uneingeschränkten Zugang zu Kapitalmärkten und diversen Fremdfinanzierungsformen sowie die Bedienung der Finanzschulden sicherstellen.[213]

Abbildung 25 One Siemens

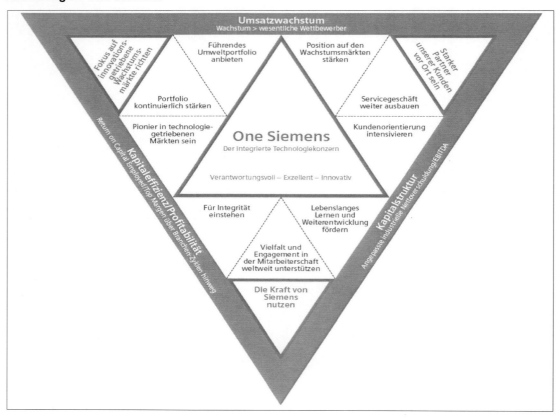

Quelle: o.V., Siemens-One, S. 9

Außerdem verfolgt One Siemens mit dem RoE, sonstigen Indikatoren und einer Dividendenausschüttungsquote weitere Konzepte, die den Shareholdern zugutekom-

---

[210] Vgl. o.V., Siemens-One, S. 12
[211] Vgl. o.V., Siemens-One, S. 12
[212] Vgl. o.V., Siemens-One, S. 12
[213] Vgl. o.V., Siemens-One, S. 12

men.²¹⁴ Demnach ergeben sich aus One Siemens mehrere Kennzahlen zur wertorientierten Unternehmensführung, welche bei der Siemens AG Anwendung finden und im Folgenden detailliert beschrieben werden:

- Umsatzwachstum Siemens AG > Umsatzwachstum wesentlicher Wettbewerber,
- RoCE,
- RoE für die Sparte SFS,
- überdurchschnittliche angepasste EBITDA-Margen im Branchenbenchmark,
- angepasster industrieller Nettoverschuldungsgrad dividiert durch EBITDA und
- die Dividendenausschüttungsquote und einige zusätzliche Indikatoren.

Wie beschrieben wird das Umsatzwachstum als wichtigster Werttreiber von der Siemens AG definiert. Dieses soll dabei über dem Umsatzwachstum der wichtigsten Wettbewerber liegen. Die Umsatzrate wird auch im Geschäftsbericht 2011 ausgewiesen und ist dort ebenfalls in ihrer Berechnung definiert, welche sich aus Abbildung 26 ergibt.²¹⁵ Was die Siemens AG nicht veröffentlicht ist, wer aus ihrer Sicht die wichtigsten Wettbewerber bzw. deren Wachstumszahlen sind. Für Investoren stehen hierfür allerdings mehrere Auswertungen und Tools im Internet bei verschiedenen Banken u.ä. zur Verfügung.²¹⁶

Abbildung 26 Siemens AG Umsatzwachstum

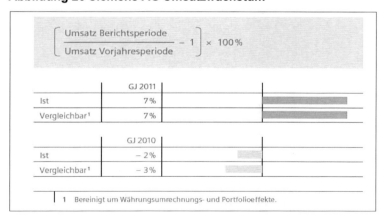

Quelle: o.V., Siemens-Geschäftsbericht, S. 59

Der RoCE wird von der Siemens AG sehr ausführlich beschrieben. Hierzu sind im Geschäftsbericht 2011 die in Abbildung 27 gezeigte Formel und das in Anhang 12

---

²¹⁴ Vgl. o.V., Siemens-Geschäftsbericht, S. 59 ff.
²¹⁵ Vgl. o.V., Siemens-Geschäftsbericht, S. 59
²¹⁶ Vgl. o.V., Cortal-Siemens

gezeigte Berechnungsschema vorhanden. Die Siemens AG gibt zwar ein Zielband des RoCE von 15% bis 20% und einen WACC von „etwa" 7,5% an, wie sich dieser genau zusammensetzt wird aber weder im Geschäftsbericht noch sonst kommuniziert.[217]

Abbildung 27 Siemens AG RoCE

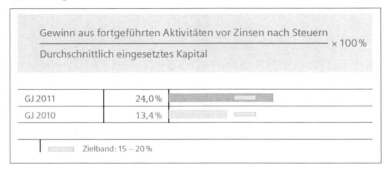

Quelle: o.V., Siemens-Geschäftsbericht, S. 59

Die Siemens AG ermittelt im Einklang mit der üblichen Praxis der Finanzdienstleistungsbranche den RoE nach Steuern für den Sektor Siemens Financial Service (SFS) auf Basis der bereits in Kapitel 3.1 gezeigten Formel. Zu seiner Berechnung wird eine vereinfachte Berechnungsgrundlage für die Ertragssteuern herangezogen, welche mit einem Pauschalsteuersatz in Höhe von 30% auf die Gewinne von SFS Anwendung finden.[218] Siemens strebt dabei mit dem RoE nach Steuern des Sektors SFS ein Zielband von 15% bis 20% an, wobei der Wert sowohl im Geschäftsjahr 2011 mit 22,6% bzw. im Geschäftsjahr 2010 mit 24,6% über dem eigentlichen Zielband lag.[219]

Für den EBITDA-Branchenbenchmark werden von der Siemens AG für die Sektoren Industry, Energy und Healthcare angepasste EBITDA-Margenbänder von 10% bis 15% für die ersten beiden Sektoren und 15% bis 20% für den Sektor Healthcare festgelegt.[220] Dazu wird die angepasste EBITDA-Marge als Quotient zwischen dem angepassten EBITDA und dem Umsatz definiert.[221] Wie die Siemens AG das angepasste EBITDA und den Umsatz berechnet lässt sich aus dem Geschäftsbericht

---

[217] Vgl. o.V., Siemens-Geschäftsbericht, S. 59
[218] Vgl. o.V., Siemens-Geschäftsbericht, S. 59
[219] Vgl. o.V., Siemens-Geschäftsbericht, S. 59
[220] Vgl. o.V., Siemens-Geschäftsbericht, S. 60
[221] Vgl. o.V., Siemens-Geschäftsbericht, S. 60

ableiten, die Definition und Hintergründe der EBITDA-Margenbänder hingegen nicht.[222]

Der offene Zugang zu den Kapitalmärkten sowie Fremdfinanzierungsformen und die Bedienung der Finanzschulden wird wie beschrieben mit Hilfe einer gesunden Kapitalstruktur sichergestellt. Um diese überwachen zu können, definiert die Siemens AG eine Kennzahl für fortgeführte Aktivitäten aus dem Quotienten der angepassten industriellen Nettoverschuldung und dem angepassten EBITDA und gibt mit 0,5 bis 1,0 ein enges Zielband vor, ohne dieses 2010 oder 2011 erreichen zu können.[223] Anhang 13 zeigt die Berechnung der angepassten industriellen Nettoverschuldung.

Siemens möchte den Investoren mit One Siemens attraktive Dividendenausschüttungen ermöglichen und hat daher die Einstellung, 30% - 50% des jährlichen Gewinns nach Steuern an die Aktionäre auszuschütten.[224] Hierzu wird der Gewinn nach Steuern um zusätzliche außergewöhnliche und nicht zahlungswirksame Effekte bereinigt und es wird beabsichtigt, die Dividende aus dem erwirtschafteten Free Cashflow zu bezahlen.[225] Über die zusätzlichen außergewöhnlichen und nicht zahlungswirksamen Effekte wird, sofern welche anfallen, im Geschäftsbericht berichtet. Für das Geschäftsjahr 2011 wurde vom Vorstand eine Dividende in Höhe von 3,00 Euro pro Aktie vorgeschlagen und von der Hauptversammlung beschlossen, was einer Ausschüttungssumme von 2,629 Milliarden Euro bei 6,321 Milliarden Gewinn nach Steuern und einer Dividendenausschüttungsquote von 42% entspricht.[226] Somit hat die Siemens AG im abgelaufenen Geschäftsjahr ihr Zielband erreicht. Daneben nutzt die Siemens AG den eben erwähnten Free Cahsflow, definiert als Mittelzufluss bzw. Mittelabfluss aus der laufenden Geschäftätigkeit abzüglich der Mittelabflüsse aus Investitionen in immaterielle Vermögenswerte und Sachanlagen, wobei im Geschäftsbericht sehr viele Informationen zu den einzelnen Punkten vorhanden sind und dies hauptsächlich zur besseren Information der Anteilseigner geschieht.[227] Die Rechnung zum Free Cashflow ist in Anhang 14 zu finden.

---

[222] Vgl. o.V., Siemens-Geschäftsbericht, S. 102 f.
[223] Vgl. o.V., Siemens-Geschäftsbericht, S. 60
[224] Vgl. o.V., Siemens-Geschäftsbericht, S. 60
[225] Vgl. o.V., Siemens-Geschäftsbericht, S. 60
[226] Vgl. o.V., Siemens-Dividende
[227] Vgl. o.V., Siemens-Geschäftsbericht, S. 108 f.

Abbildung 28 Dividendenausschüttungsquote

$$\frac{\text{Gesamtausschüttungsbetrag}}{\text{Gewinn nach Steuern (angepasst)}} \times 100\%$$

GJ 2011	41%	
GJ 2010¹	46%	

Zielband: 30 – 50%

1 Bereinigt um außergewöhnliche nicht zahlungswirksame Effekte in Höhe von 1,069 Mrd. € in Zusammenhang mit den Wertminderungen der Division Diagnostics im Geschäftsjahr 2010.

Quelle: o.V., Siemens-Geschäftsbericht, S. 60

Der bis 2007 von der Siemens AG berichtete Geschäftswertbeitrag wird wie die Kapitalwertmethode intern noch zur Abschätzung der Wertgenerierung von einzelnen Investitionen berechnet und für Entscheidungen herangezogen. Der Geschäftswertbeitrag bezieht dabei die Kapitalkosten in die Ermittlung der Wertschöpfung mit ein, indem er die erwarteten Rückflüsse aus der Investition den Kosten des eingesetzten Kapitals gegenüberstellt, wobei keine weitere Erklärung, außer dass dies auch ein Indikator für die Bewertung der Kapitaleffizienz in den einzelnen Sektoren darstellt, folgt.[228] Daneben berichtet Siemens noch kurz davon, dass die Liquiditätssteuerung mit Hilfe des Umschlagsfaktors des Nettoumlaufvermögens aus der laufenden Geschäftstätigkeit und durch die Investitionsrate gesteuert wird, auf welche hier aber nicht mehr eingegangen wird, da sie nicht mehr zu den originären wertorientierten Kennzahlen gehören.

3.2.1.2 Wertorientierte variable Vergütung bei der Siemens AG

Die Siemens AG setzt ein variables Vergütungssystem für ihre Vorstände und leitenden Angestellten ein, welches sich teilweise an wertorientierten Kennzahlen wie dem RoCE und dem Free Cashflow, teilweise aber auch an nicht-wertorientierten Kennzahlen wie dem Umsatzwachstum auf Konzernebene orientiert bzw. beide Elemente vereint.[229] Dabei wird das Ziel verfolgt, die Führungskräfte langfristig an das Unternehmen zu binden und so von einer Wertsteigerung partizipieren lassen zu können. Außerdem soll Leistung entlohnt, Fehlleistung mit einem spürbaren Abzug bei den Bezügen gewertet werden, d.h. es soll für einen Konzern dieser Größe leistungsgerecht entlohnt werden. Das System der variablen Vorstandsvergütung ist in Abbil-

---

[228] Vgl. o.V., Siemens-Geschäftsbericht, S. 109
[229] Vgl. o.V., Siemens-Geschäftsbericht, S. 36 f.

dung 29 detailliert vorgestellt und wurde auf der Hauptversammlung am 25. Januar 2011 mit großer Mehrheit genehmigt.[230] Es stehen dabei die drei Komponenten fixe Grundvergütung, variable Vergütung und langfristige aktienbasierte Vergütung im Fokus, wobei die variable Vergütung die Zielparameter Free Cashflow, angepassten RoCE und Umsatzwachstum beinhaltet und somit wie beschrieben wertorientierte und nicht-wertorientierte Elemente vereint.

Abbildung 29 System der variablen Vorstandsvergütung bei der Siemens AG

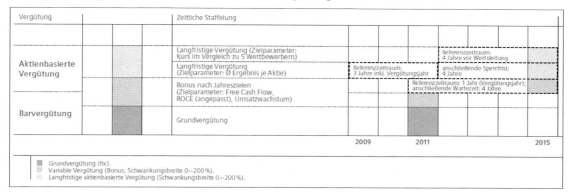

Quelle: o.V., Siemens-Geschäftsbericht, S. 36

Damit die Vergütung sich an wertorientierten Zielen ausrichtet, wird die Vergütung überwiegend verzögert und mit Sperrfristen gewährt und ist dabei eng mit den Interessen der Aktionäre an einem langfristigen und renditestarken Investment verknüpft.[231] Es ergeben sich für das Geschäftsjahr 2011 die in Abbildung 30 ersichtlichen Zielwerte sowie der Grad der Zielerreichung.

Abbildung 30 Zielparameter, Gewichtung und Zielerreichung der variablen Vergütung

Zielparameter	Gewichtung	100 %-Zielwert	Ist-Wert 2011	Zielerreichung
Umsatzwachstum (organisch)[1]	50 %	1 %	7 %	200,00 %
Kapitalrendite angepasst (ROCE angepasst)[1]	25 %	16,1 %	24,0 %	200,00 %
Free Cash Flow (FCF)[1]	25 %	3.200 Mio. €	5.885 Mio. €	189,50 %
Gesamtzielerreichung	100 %	-	-	197,38 %

1 Fortgeführte Aktivitäten.

Quelle: o.V., Siemens-Geschäftsbericht, S. 36

3.2.1.3 Abschlussbetrachtung Siemens AG

Abschließend kann gesagt werden, dass die Siemens AG mit One Siemens zwar sehr viele Informationen zur wertorientierten Unternehmensführung publiziert, diese aber teilweise doch sehr schwer nachvollziehbar sind. Vor allem die Definition der

---

[230] Vgl. o.V., Siemens-Geschäftsbericht, S. 36
[231] Vgl. o.V., Siemens-Geschäftsbericht, S. 36 ff.

Zielbänder, offenere Berechnung aller Komponenten und eine logische Zusammenstellung im Geschäftsbericht sind Dinge, welche noch verbesserungswürdig sind. Mit sehr viel Fachwissen und einer tiefgründigen Recherche lässt sich die Siemens AG als einzelnes Unternehmen noch relativ gut mit den gegeben Informationen analysieren. Was besonders auffällt sind jedoch die wenigen Informationen zu den Kapitalkosten und wie sich z.B. der WACC zusammensetzt. Die Informationen über wertorientierten Ziele und die Strategien zur Zielerreichung, welche mit One Siemens kommuniziert werden, sind jedoch umfassend. Dank der detaillierten Vergütungsberichte, die zum Konzernabschluss gehören und durch Empfehlungen des Corporate Governance Kodex sowie Vorgaben des HGB und IFRS ausführlich berichtet werden, kann sich ein Investor einen sehr guten Überblick über das angewandte System der Vorstandsvergütung verschaffen.[232] Durch das System wird sichergestellt, dass der Konzern gute und fähige Manager für die weitere Unternehmensentwicklung erhält und vermutlich mit den gesetzten Anreizen zu einer wertorientierten Unternehmensführung und einem langen Engagement bewegen kann. Durch die in Kapitel 2.4 gemachten Aussagen kann aber angezweifelt werden, ob es sich bei der Auswahl der Zielparameter um eine richtige wertorientierte Ausgestaltung mit den dafür am geeignetsten Kennzahlen handelt.

3.2.2 Daimler AG

Die Daimler AG gilt als der Erfinder des Automobils und als Pionier des Automobilbaus mit den Geschäftsfeldern „Mercedes-Benz Cars", „Daimler Trucks", „Mercedes-Benz Vans", „Daimler Buses" und „Daimler Financial Services".[233] Der Umsatz lag im Geschäftsjahr 2011 bei 106,54 Milliarden Euro, das EBIT bei 8,755 Milliarden Euro und das Konzernergebnis nach Steuern betrug 6,029 Milliarden Euro.[234] Vorstandsvorsitzender ist Dieter Zetsche und Aufsichtsratsvorsitzender ist Manfred Bischoff.[235] Aus Anhang 15 sind weitere Basisdaten ersichtlich. Das Geschäftsjahr entspricht dem Kalenderjahr und beginnt am 01. Januar jeden Jahres.[236]

3.2.2.1 Einsatz und Bericht wertorientierter Steuerungsgrößen und Ziele

Die Daimler AG hat seit 2010 unter der sogenannten Nachhaltigkeitsstrategie ein Zielsystem entwickelt, welches sich aus sechs strategischen Dimensionen und vier

---

[232] Vgl. o.V., Siemens-Geschäftsbericht, S. 36 ff.
[233] Vgl. o.V., Daimler-Geschäftsbericht, S. 1
[234] Vgl. o.V., Daimler-Geschäftsbericht, S. 1
[235] Vgl. o.V., Daimler-Geschäftsbericht, S. 14 f.
[236] Vgl. o.V., Daimler-Geschäftsbericht, S. 183

zugrundeliegenden Werten dem übergeordneten Ziel, nämlich profitabel zu wachsen und den Wert des Unternehmens nachhaltig zu steigern, zusammensetzt.[237]

Abbildung 31 Zielsystem der Daimler AG

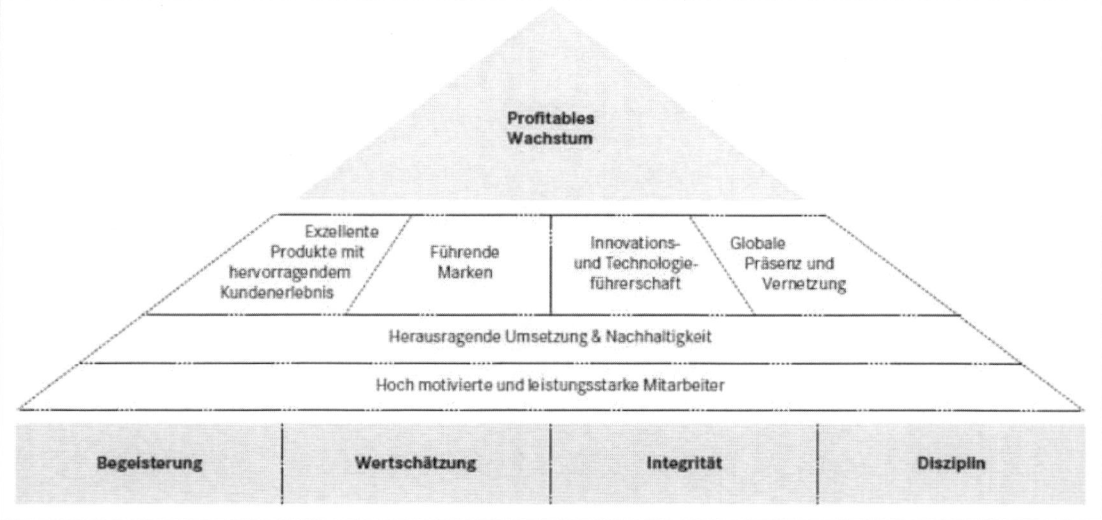

Quelle: o.V., Daimler-Nachhaltigkeit

Zur Zielerreichung sollen die finanziellen Steuerungsgrößen bzw. Kennzahlen an den Interessen und Ansprüchen der Kapitalgeber ausgerichtet sein und eine Basis für die wertorientierte Unternehmensführung bei der Daimler AG darstellen.[238] Es wird zu Steuerungszwecken zwischen der Konzern- und der Geschäftsfeldebene unterschieden.[239]

Das Kapitalmanagement erfolgt über den Value Added (deutsch: *Wertbeitrag*) und die Net Assets, welche die Bemessungsgrundlage für die Verzinsungsansprüche der Kapitalgeber darstellen.[240] Die konzernweite Net Assets, d.h. das Ganze im Konzern gebundene Kapital, wird über die Vermögenswerte, Rückstellungen und Schulden der industriellen Geschäftsbereiche und dem Eigenkapital des Geschäftsfeldes Daimler Financial Services, bei dem zur Steuerung auch der in der Finanzdienstleistungsbranche übliche RoE ermittelt wird, errechnet und ist in Abbildung 32 dargestellt.[241]

---

[237] Vgl. o.V., Daimler-Nachhaltigkeit
[238] Vgl. o.V. Daimler-Geschäftsbericht, S. 89
[239] Vgl. o.V. Daimler-Geschäftsbericht, S. 89
[240] Vgl. o.V. Daimler-Geschäftsbericht, S. 245
[241] Vgl. o.V. Daimler-Geschäftsbericht, S. 245

Abbildung 32 Net Assets der Daimler AG

in Millionen €	2011	2010	11/10 Veränd. in %
Net Assets des Industriegeschäfts			
Immaterielle Vermögenswerte	8.174	7.444	+10
Sachanlagen	19.129	17.544	+9
Vermietete Gegenstände	10.849	9.611	+13
Vorräte	16.575	14.056	+18
Forderungen aus Lieferungen und Leistungen	7.580	6.964	+9
Abzgl. Rückstellungen für sonstige Risiken	-11.967	-12.078	+1
Abzgl. Verbindlichkeiten aus Lieferungen und Leistungen	-9.233	-7.429	-24
Abzgl. übrige Vermögenswerte und Schulden	-13.954	-12.031	-16
Vermögenswerte und Schulden aus Ertragsteuern	24	718	-97
Eigenkapital Daimler Financial Services	5.373	4.865	+10
Net Assets (Nettovermögen)	32.550	29.664	+10

Quelle: o.V., Daimler-Geschäftsbericht, S. 91

Mit dem Value Added wird berichtet, in welchem Umfang der Konzern und seine Geschäftsfelder die Verzinsungserwartungen der Kapitalgeber erwirtschaften bzw. übertreffen und somit einen Wertzuwachs schaffen kann. Er wird entweder aus der Differenz der operativen Ergebnisgröße und den auf die Net Assets anfallenden Kapitalkosten oder bei den industriellen Geschäftsfeldern über die Komponente RoS, welcher das Verhältnis von EBIT zu Umsatz darstellt, und der Net-Asset-Produktivität, welche sich aus dem Verhältnis von Umsatz zu Net Assets ergibt, berechnet.[242]

Abbildung 33 Berechnungsmethoden des Value Added

$$Value\ Added = Ergebnisgröße - \underbrace{Net\ Assets * WACC}_{Kapitalkosten}$$

$$Value\ Added = (RoS * Net\text{-}Assets\text{-}Produktivität - WACC) * Net\ Assets$$

Quelle: eigene Darstellung

Im Geschäftsjahr 2011 betrug der Mindestverzinsungsanspruch 8% und wurde mit einem konzernweiten Value Added in Höhe von 3,726 Milliarden Euro, was wiederum einer Verzinsung des eingesetzten Kapitals in Höhe von 19,9% entspricht, deutlich

---

[242] Vgl. o.V. Daimler-Geschäftsbericht, S. 89

übertroffen.[243] Der WACC wird dabei als gewichteter Mittelwert aus den Mindestrenditen, welche die Kapitalgeber erwarten, den Finanzierungsverbindlichkeiten und den Pensionsverpflichtungen, errechnet.[244] Dabei wird der Eigenkapitalkostensatz entsprechend dem CAPM-Model bestimmt, der Fremdkapitalkostensatz richtet sich nach den Verzinsungsansprüchen der Finanzierungsverbindlichkeiten und der Kostensatz für Pensionsverpflichtungen wird gemäß der nach IFRS verwendeten Diskontierungssätze bestimmt.[245]

Auf der Konzernebene benutzt die Daimler AG als operative Ergebnisgröße den Net Operating Profit, welcher zum EBIT der Geschäftsfelder auch Ergebniseffekte, die nicht durch die Geschäftsfelder zu verantworten sind, wie z.B. Ertragssteuern oder sonstige Überleitungsposten, enthält.[246] Zusätzlich wird in der Zehnjahresübersicht der Net Operating Profit in Prozent der Net Assets als RoNA ausgewiesen.[247] Die Dividende wird mit „rund 40%" des auf die Aktionäre entfallenden Konzernergebnisses nach Steuern und einer Höhe von 2,20 Euro pro Aktie, was einer Ausschüttungssumme in Höhe von 2,346 Milliarden Euro entspricht, angegeben.[248] Detaillierte Formeln bzw. Berechnungsmethoden oder Zielbänder, wie z.B. bei der Siemens AG, werden nicht genannt. Im Rahmen des Liquiditätsmanagements wird für die Bestimmung der Finanzkraft der industriellen Aktivitäten der Free Cashflow wie in Anhang 16 genutzt.[249]

3.2.2.2 Wertorientierte variable Vergütung bei der Daimler AG

Gemäß den gemachten Angaben im Geschäftsbericht 2011 ist die Zielsetzung des Vergütungssystems, Spitzenkräfte an das Unternehmen zu binden und ihre Leistung mit einer variablen langfristigen Komponente auch wertorientiert und an der Vergütung vergleichbarer Unternehmen auszurichten.[250] Neben der variablen langfristigen Komponente, welche ca. 42% der Zielvergütung beträgt, gibt es noch eine fixe Grundvergütung und einen Jahresbonus, welche beide jeweils ca. 29% der Zielvergütung betragen.[251]

---

[243] Vgl. o.V. Daimler-Geschäftsbericht, S. 90
[244] Vgl. o.V. Daimler-Geschäftsbericht, S. 89
[245] Vgl. o.V. Daimler-Geschäftsbericht, S. 89
[246] Vgl. o.V. Daimler-Geschäftsbericht, S. 89
[247] Vgl. o.V. Daimler-Geschäftsbericht, S. 252
[248] Vgl. o.V. Daimler-Geschäftsbericht, S. 92
[249] Vgl. o.V. Daimler-Geschäftsbericht, S. 100
[250] Vgl. o.V. Daimler-Geschäftsbericht, S. 161
[251] Vgl. o.V. Daimler-Geschäftsbericht, S. 161

Die Grundvergütung ist eine fixe, auf das ganze Jahr bezoge Vergütung, die in zwölf Monatsraten an die Vorstände bezahlt wird.[252]

Der Jahresbonus ist eine variable Vergütung, die sich primär am EBIT und sekundär an der Gesamtrendite der Aktie, bestehend aus Kursentwicklung und Rendite des Daimler-Konzerns, orientiert.[253] Der primäre Bezugsparameter EBIT wird zu 50% als Vergleich des Istwert 2011 mit dem Zielwert 2011 und zu 50% mit dem Vergleich Istwert 2011 zu Istwert 2010 definiert.[254] Dabei besteht bei der Zielerreichung eine Bandbreite von 0% bis 200% zur Verfügung, wobei bei 100% Zielerreichung genau 100% des Grundgehalts als Jahresbonus ausbezahlt werden und gewährleistet ist, dass maximal das doppelte Grundgehalt als Jahresbonus in Frage kommen kann.[255] Seit 2011 wird der Jahresbonus nicht mehr komplett im März des Folgejahres, sondern unter Berücksichtigung einer Bonus-/Malus-Regelung nur noch zu 50% im März des Folgejahres sowie zu 50% ein weiteres Jahr später, ausbezahlt. Der Zielerreichungsgrad kann jedoch noch über die sekundäre Kennzahl um bis zu 10% auf- oder abgeschlagen werden, sowie durch den Aufsichtsrat mit einem weiteren Zu- oder Abschlag für die persönliche Leistung des Vorstandsmitglieds in Höhe von bis zu 25% belegt werden.[256]

Als dritte Komponente gibt es den sogenannten Performance Phantom Share Plan, welcher als langfristige, variable Vergütung gesehen wird und wobei zu Planbeginn eine Anzahl virtueller Aktien gewährt, sowie für die Dauer von drei Jahren mittelfristige Ziele vorgegeben werden. Am Ende des dritten Jahres wird auf Basis des Zielerreichungsgrads die endgültige Anzahl virtueller Aktien ermittelt, wobei diese Anzahl zwischen 0% und 200% der ursprünglich gewährten virtuellen Aktien liegen kann.[257] Am Ende des vierten Jahres werden die virtuellen Aktien als Euro-Betrag, basierend auf einem durchschnittlichen Aktienkurs, zugeteilt und ausbezahlt, wovon jedoch von der Hälfte des Netto-Auszahlungsbetrags echte Aktien der Gesellschaft gekauft werden müssen und möglichst für die Dauer der Unternehmenszugehörigkeit gehalten werden sollen.[258] Der Wert der Zuteilung ist abhängig vom Marktvergleich und wird jedes Jahr neu festgelegt, wobei im Jahr 2011 der Wert etwa das 1,3- bis 1,6-fache

---

[252] Vgl. o.V. Daimler-Geschäftsbericht, S. 161
[253] Vgl. o.V. Daimler-Geschäftsbericht, S. 161
[254] Vgl. o.V. Daimler-Geschäftsbericht, S. 161
[255] Vgl. o.V. Daimler-Geschäftsbericht, S. 161
[256] Vgl. o.V. Daimler-Geschäftsbericht, S. 161
[257] Vgl. o.V. Daimler-Geschäftsbericht, S. 161
[258] Vgl. o.V. Daimler-Geschäftsbericht, S. 161

des Grundgehalts beträgt.[259] Als Bezugsparameter für den Plan 2011 wird zu 50% die erzielte Umsatzrendite im Vergleich zu ausgewählten Wettbewerbern und zu 50% die erzielte Kapitalrendite unter Berücksichtigung der Kapitalkosten festgelegt, wobei mit einer Zielerreichungsbandbreite von 0% bis 200% sowohl die Möglichkeit eines Totalausfalls als auch einer Verdoppelung gegeben sind.[260] Die Vorstandsvergütung der Daimler AG findet sich exemplarisch in Anhang 17.

3.2.2.3 Abschlussbetrachtung Daimler AG

Im Geschäftsbericht 2011 werden zwar sehr detaillierte Informationen in strukturierter Form über die verwendeten wertorientierten Kennzahlen und ihre Zusammensetzung kommuniziert, die Ziele und Strategien zur Zielerreichung sind jedoch nicht ausführlich und auch im Internet nur sehr vage beschrieben.[261] Die Zielbänder und die Informationen über die Berechnung des WACC und den Value Added erlauben dem Investor einen guten Rückschluss auf die Wertentwicklung der Daimler AG. Über die 50%ige Ausrichtung des Performance Phantom Share Plan an der erzielten Kapitalrendite unter Berücksichtigung der Kapitalkosten enthält die variable Vergütung eine zusätzliche, langfristige wertorientierte Komponente, da diese beim Jahresbonus nur über den sekundären Parameter beim Aktienkurs und die Sperrfristen ansatzweise integriert ist. Der Value Added als wertorientierte Kennzahl spielt bei der Vorstandvergütung keine direkte Rolle.

3.2.3 ThyssenKrupp AG

Die ThyssenKrupp AG ist ein internationaler Werkstoff- und Technologiekonzern mit über 180.000 Mitarbeitern, die in acht sogenannten Business Units aufgeteilt sind.[262] Im Geschäftsjahr 2011 liegt der Umsatz bei 49,092 Milliarden Euro, das EBITDA bei 3,385 Milliarden Euro und das EBIT bei -988 Millionen Euro.[263] Der daraus resultierende Konzernverlust nach Steuern in Höhe von -1,783 Milliarden Euro ist hauptsächlich durch hohe Abschreibungen bei brasilianischen Stahlwerken und im Edelstahlgeschäft verursacht, deren Höhe 2,962 Milliarden Euro beträgt.[264] Vorstandsvorsitzender ist im Geschäftsjahr 2011 seit dem Ausscheiden von Ekkehard Schulz am 21. Januar 2011 Heinrich Hiesinger, Aufsichtsratsvorsitzender ist

---

[259] Vgl. o.V. Daimler-Geschäftsbericht, S. 161
[260] Vgl. o.V. Daimler-Geschäftsbericht, S. 161
[261] Vgl. o.V., Daimler-Nachhaltigkeit
[262] Vgl. o.V., ThyssenKrupp-Geschäftsbericht, S. 49
[263] Vgl. o.V., ThyssenKrupp-Geschäftsbericht, S. 61
[264] Vgl. o.V., ThyssenKrupp-Pressebericht

Gerhard Cromme, das Geschäftsjahr der ThyssenKrupp AG dauert jährlich vom 01. Oktober bis zum 30. September des folgenden Jahres.[265] Demnach beginnt das Geschäftsjahr 2011 am 01. Oktober 2010 und endet am 30.09.2011. Anhang 18 präsentiert weitere Informationen über die ThyssenKrupp AG.

3.2.3.1 Einsatz und Bericht wertorientierter Steuerungsgrößen und Ziele

Zur wertorientierten Unternehmensführung werden sowohl im Geschäftsbericht 2011 als auch in einer zusätzlichen Druckschrift ausführliche Informationen zu den Zielen, den Strategien und den eingesetzten wertorientierten Kennzahlen veröffentlicht.[266]

Die im Konzern vorhandene hohe Kapitalintensität, die verschiedenen Geschäftsmodelle der Organisationsstruktur und ein starker Kapitalmarktfokus bringen ein Wertmanagement mit dem Ziel der konsequenten Wertsteigerung und profitablem Wachstum hervor. Für die einzelnen Business Areas werden zur Deckung der Kapitalkosten und zur Schaffung positiver Wertbeiträge wertorientierte Ziele und Strategien, wie in Anhang 19 abgebildet, definiert.[267] Die ThyssenKrupp AG erteilt in ihrem Geschäftsbericht ausführliche Informationen, wie ein ganzheitliches strategisches Managementkonzept und ein Programm zur strategischen Weiterentwicklung unter aktiver Beteiligung der Mitarbeiter zur Anwendung kommt.[268]

Die drei relevanten Bausteine im wertorientierten Management sind:

- der ThyssenKrupp Value Added (TKVA), welcher als zentrale Steuerungsgröße zur Ermittlung der Wertschaffung nach Verzinsung des Kapitals herangezogen wird,
- die Integration des wertorientierten Managements in allen Managementprozessen und
- die Entscheidungsfindung mit Hilfe des Wertmanagements auf operativer und strategischer Ebene.[269]

Die Überwachung und Steuerung wird dabei durch ein integriertes Controlling-Konzept, welches in Anhang 20 abgebildet ist, sichergestellt.[270]

Wie beschrieben ist der TKVA die zentrale Steuerungsgröße für die Messung der Wertschaffung des Konzerns, der auch innerhalb der Business Areas, der Operating

---

[265] Vgl. o.V., ThyssenKrupp-Geschäftsbericht, S. 18 ff.
[266] Vgl. o.V., ThyssenKrupp-Geschäftsbericht, S. 55 ff. sowie vgl. o.V., ThyssenKrupp-TKVA, S. 2 ff.
[267] Vgl. o.V., ThyssenKrupp-TKVA, S. 2 ff.
[268] Vgl. o.V., ThyssenKrupp-Geschäftsbericht, S. 55 ff
[269] Vgl. o.V., ThyssenKrupp-TKVA, S. 2
[270] Vgl. o.V., ThyssenKrupp-TKVA, S. 6

Units, der Operating Subunits und der Konzernunternehmen in unterschiedlichen Perioden angewendet wird.[271] Neben dem TKVA als wertorientierter Spitzenkennzahl sind, wie aus Anhang 21 ersichtlich, das EBIT als wesentlicher Treiber des TKVA und der Free Cashflow als cashorientierte Spitzenkennzahl zur Messung sowie Steuerung der Liquidität von erheblicher Bedeutung im Steuerungssystem. Die aktuelle Berechnung des TKVA, die in Abbildung 34 zu finden ist, hat sich im Geschäftsjahr 2011 verändert, da es zu Änderungen an der Berechnungsmethode durch das EBIT und Capital Employed gekommen ist.[272] So wird z.B. bis 2011 statt dem EBIT das EBT als Bezugsgröße genommen, die Änderungen bei der Berechnung wurden zur besseren Vergleichbarkeit auch für die Vorjahre übernommen.[273]

Abbildung 34 TKVA der ThyssenKrupp AG

BERECHNUNG DES TKVA

TKVA 3,2 = EBIT 10 − Kapitalkosten 6,8

EBIT 10 = Umsatzerlöse 100 − Operativer Aufwand[1] 90

Kapitalkosten 6,8 = Capital Employed 80 × WACC (%) 8,5

1) Ohne Finanzierungsaufwand
■ Zahlenbeispiel

Quelle: o.V., ThyssenKrupp-TKVA, S. 11

Die Kapitalkosten entsprechen dem Produkt aus Capital Employed, d.h. aus dem in den Geschäften gebundenen Kapital, und den durchschnittlich gewichteten Verzinsungsansprüchen aller Kapitalgeber, dem WACC.[274] Wie der WACC ermittelt wird, ist in der Druckschrift zum TKVA ausführlich beschrieben – seine Höhe ist mit 8,5% angegeben.[275] Die Entwicklung der Komponenten ist in Anhang 22 abgebildet und unter Berücksichtigung der bereits erwähnten Abschreibungen und des daraus resultierenden Jahresverlustes entsprechend negativ. Einfach ausgedrückt kann gesagt werden, dass, je mehr Capital Employed investiert wurde, die Kapitalkosten umso

---

[271] Vgl. o.V., ThyssenKrupp-TKVA, S. 10
[272] Vgl. o.V., ThyssenKrupp-Geschäftsbericht, S. 55
[273] Vgl. o.V., ThyssenKrupp-TKVA, S. 15
[274] Vgl. o.V., ThyssenKrupp-TKVA, S. 11 f.
[275] Vgl. o.V., ThyssenKrupp-TKVA, S. 12

höher sind und erst ein Wertzuwachs stattfindet, wenn das EBIT die Kapitalkosten übersteigt. Wie der Unterschied von Wertschaffung und Wertvernichtung mithilfe des TKVA dargestellt wird, ist auch aus Anhang 23 ersichtlich. Die Steigerung des TKVA ist über drei Hebel möglich:

- über die Steigerung der operativen Effizienz;
- mit neuen rentablen Projekten sowie Geschäftsfeldern und profitables Wachstum durch Investitionen, deren EBIT die Kosten für das zusätzlich investierte Kapital übersteigt;
- durch eine Optimierung der Kapitalbindung durch die Eliminierung von Wertvernichtern und einem effizienten Umgang mit dem im Konzern gebundenen Kapital, d.h. mit Anlagen, Gebäuden, Vorräten, Forderungen und Verbindlichkeiten.[276]

Mit dem TKVA-Barwert, welcher durch Diskontierung der in Folge einer Investition erwarteten TKVA ermittelt wird und der dem Kapitalwert einer Investition entspricht, überprüft die ThyssenKrupp AG, ob eine Investition Wert schafft.[277]

Zur Beurteilung der Investitionsprojekte wird mit dem TKVA-Spread noch eine weitere wichtige Kennzahl zur wertorientierten Unternehmenssteuerung eingesetzt, die sich aus der Differenz zwischen der jeweiligen Investitionsrendite und dem investitionsspezifischen WACC ergibt.[278] Der spezifische WACC kann vom WACC der Business Area abweichen, da hierdurch eine individuelle Risikobetrachtung ermöglicht wird.[279]

Da der RoCE einen nicht unerheblichen Einfluss auf die Höhe des TKVA hat, wird er ebenfalls, wie in Abbildung 35 dargestellt, errechnet und als Kontrollgröße und Bemessungsgrundlage genutzt.[280] Durch die erfolgten Abschreibungen liegt der Wert des RoCE im Geschäftsjahr 2011 bei -4,3 %, im Geschäftsjahr 2010 bei 6,5% und somit noch 10,8% höher.[281]

Abbildung 35 RoCE der ThyssenKrupp AG

---

[276] Vgl. o.V., ThyssenKrupp-TKVA, S. 13
[277] Vgl. o.V., ThyssenKrupp-TKVA, S. 25
[278] Vgl. o.V., ThyssenKrupp-TKVA, S. 25
[279] Vgl. o.V., ThyssenKrupp-TKVA, S. 26
[280] Vgl. o.V., ThyssenKrupp-TKVA, S. 17
[281] Vgl. o.V., ThyssenKrupp-Geschäftsbericht, S. 230

$$RoCE = \frac{EBIT * 100}{\emptyset\ Capital\ Employed}$$

Quelle: o.V., ThyssenKrupp-TKVA, S. 17

Neben dem TKVA findet wie berichtet der FCF als cashorientierte Spitzenkennzahl Anwendung. Es wird dabei die Ansicht zu Grunde gelegt, dass eine wachstumsorientierte Wertsteigerung in der Regel mehr Investitionsmittel benötigt, als aus dem Operating Cashflow zur Verfügung steht und es werden deshalb mit dem FCF folgende Ziele verfolgt:

- Sicherstellung von Innovationsspielräumen;
- Wachstum durch Investitionen und strategische Akquisitionen;
- Sicherstellung einer kontinuierlichen Dividendenzahlung an die Anteilseigner;
- Verbesserung der Bilanzstruktur und Optimierung des Gearing, d.h. des Verschuldungsgrads, durch den Abbau von Finanzschulden;
- Stabilität des Ratings.[282]

Wie sich der FCF berechnet ist in Abbildung 36 definiert.

Abbildung 36 FCF der ThyssenKrupp AG

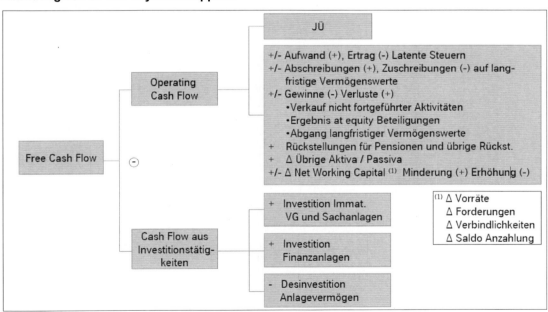

Quelle: o.V., ThyssenKrupp-TKVA, S. 13

Der TKVA und der Free Cashflow werden mit der Free Cashflow-TKVA-Matrix aus Abbildung 37 auch kombiniert eingesetzt. Hierzu wird jedes Projekt, Geschäft bzw.

---

[282] Vgl. o.V., ThyssenKrupp-TKVA, S. 16

Investment in die Matrix eingeteilt und muss ständig folgende Kernfragen beantworten können:

- wird das Projekt etc. von anderen besser gemacht bzw. handelt es sich um Wachstumsfelder;
- kann die Rentabilität auch ohne weitere Investitionen in dieses Projekt etc. gehalten werden;
- welche Wachstumsmöglichkeiten bieten sich;
- sind alle Möglichkeiten der Effizienzsteigerung ausgenutzt und hat das Projekt etc. die richtige Größe?[283]

Abbildung 37 TKVA-FCF-Matrix

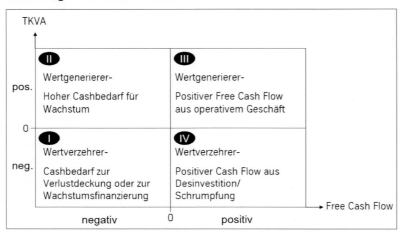

Quelle: o.V., ThyssenKrupp-TKVA, S. 23

3.2.3.2 Wertorientierte variable Vergütung bei der ThyssenKrupp AG

Die Vorstandsmitglieder erhalten als Vergütung eine erfolgsunabhänge und eine erfolgsbezogene Komponente, wobei die erfolgsunabhängigen Teile aus einem Grundfixum, Nebenleistungen sowie Pensionszusagen bestehen und der erfolgsbezogene Teil aus Tantieme und einem sogenannten Long Term Incentive Plan (LTI) als langfristigem wertorientierten Anreiz.[284] Aus Abbildung 38 geht die von der ThyssenKrupp AG gesehene Verbindung von individuellem Erfolg und Unternehmenserfolg hervor, auf der die langfristige, wertorientierte Vergütung basiert.

---

[283] Vgl. o.V., ThyssenKrupp-TKVA, S. 23
[284] Vgl. o.V., ThyssenKrupp-Geschäftsbericht, S. 230

Abbildung 38 Verbindung von individuellem Erfolg und Unternehmenserfolg

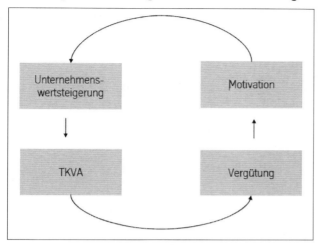

Quelle: o.V., ThyssenKrupp-TKVA, S. 31

Das Fixum wird in zwölf gleichen Monatsraten ausbezahlt, die Nebenleistungen bestehen hauptsächlich aus Dienstwagennutzung, Telefon sowie Versicherungsprämien.[285]

Die Tantiemen der Vorstandsmitglieder orientieren sich seit dem Geschäftsjahr 2012 zu je 50% am EBIT sowie am RoCE und enthalten eine Komponente, über die die persönliche Leistung zu 20% gewertet wird.[286] Im Geschäftsjahr 2011 erfolgt die Orientierung noch zu jeweils 50% am EBT und am RoCE - außerordentliche Ereignisse bleiben dabei in beiden Geschäftsjahren ohne Ansatz bei der Tantiemenfestsetzung durch den Aufsichtsrat.[287] Die Tantiemen werden zwei Wochen nach der Festlegung durch den Aufsichtsrat an die Vorstandsmitglieder ausbezahlt, wobei diese verpflichtet sind, ein Viertel der Tantieme in Wertrechte der ThyssenKrupp-Aktie umzuwandeln und mindestens drei Jahre zu halten.[288]

Seit dem Geschäftsjahr 2011 wird der LTI als langfristige Anreizkomponente eingesetzt und hat damit den Mid Term Incentive Plan (MTI), welcher in den Geschäftsjahren 2003 bis 2010 benutzt wird, in den Eckpunkten modifiziert und abgelöst.[289] Beim LTI wird den Vorstandsmitgliedern zu Beginn ein bestimmter Ausgangswert an fiktiven Aktien als sogenannte Wertrechte gewährt, deren Anzahl sich aus dem durchschnittlichen Aktienkurs des ersten beobachteten Quartals ergibt.[290] Am Ende des

---

[285] Vgl. o.V., ThyssenKrupp-Geschäftsbericht, S. 230
[286] Vgl. o.V., ThyssenKrupp-Geschäftsbericht, S. 34
[287] Vgl. o.V., ThyssenKrupp-Geschäftsbericht, S. 34
[288] Vgl. o.V., ThyssenKrupp-Geschäftsbericht, S. 34
[289] Vgl. o.V., ThyssenKrupp-Geschäftsbericht, S. 34
[290] Vgl. o.V., ThyssenKrupp-Geschäftsbericht, S. 34

insgesamt dreijährigen Performancezeitraums werden die Wertrechte auf Basis eines Vergleichs des durchschnittlichen TKVA des Performancezeitraums mit dem durchschnittlichen TKVA der daran vorangegangenen drei Geschäftsjahre verglichen - wobei ein TKVA-Anstieg um 200 Millionen Euro zu einer Erhöhung der Wertrechte um 5%, ein TKVA-Abfall um 200 Millionen Euro zu einer Verringerung der Wertrechte um 10% führt.[291] Die endgültige Auszahlungshöhe der Wertrechte wird durch den durchschnittlichen Aktienkurs der ersten drei Monate nach Ende des Performancezeitraums bestimmt und ist auf 1,5 Millionen Euro pro Vorstandsmitglied begrenzt.[292] Aufgrund des negativen TKVA und der langfristigen Betrachtungsweise sind bisher weder aus dem MTI noch aus dem LTI Zahlungen erfolgt und es wird deshalb zur Gewinnung und Bindung von Führungskräften noch ergänzend ein Bonussystem eingesetzt, welches sich an einer cashfloworientierten Kennzahl ausrichtet und bei dem 55% der Auszahlungssumme in Wertrechte mit einer dreijährigen Sperrfrist angelegt werden.[293] In Anhang 24 ist die komplette Vergütung im Geschäftsjahr 2011 dargestellt.

3.2.3.3 Abschlussbetrachtung ThyssenKrupp AG

In der Druckschrift zum TKVA wird im Anhang äußerst ausführlich und zusammenfassend über die Berechnungsmethoden für das Capital Employed, den Nettoanzahlungsüberschuss, welcher als Differenz zwischen erhaltenen und geleisteten Anzahlungen gesehen wird, das EBIT, dessen Berechnungsschema aus Anhang 25 hervorgeht, den WACC, den Kapitalwert, den Free Cashflow, die Nettofinanzschulden, die Projektrenditen, welche nach dem Modell des internen Zinsfuß berechnet werden, den TKVA sowie den TKVA-Barwert und TKVA-Spread berichtet.[294] Auch der Geschäftsbericht ist sehr aussagekräftig und enthält alle Informationen, damit sich Investoren ein umfassendes Bild machen können. Sämtliche Ziele und Strategien zur Zielerreichung werden dargelegt. Vermutlich ist die ausführliche wertorientierte Berichterstattung eine Folge der starken Kapitalmarktorientierung und der Tatsache, dass es der ThyssenKrupp AG in der aktuellen Lage schwerer als anderen Unternehmen fallen dürfte an die entsprechenden Investoren zu gelangen. Die Offenheit der Kommunikation und der Umfang der zur Verfügung gestellten Informatio-

---

[291] Vgl. o.V., ThyssenKrupp-Geschäftsbericht, S. 34
[292] Vgl. o.V., ThyssenKrupp-Geschäftsbericht, S. 34
[293] Vgl. o.V., ThyssenKrupp-Geschäftsbericht, S. 35
[294] Vgl. o.V., ThyssenKrupp-TKVA, S. 33 ff.

nen sind als vorbildlich einzustufen. So wird beispielsweise auch die komplette Berechnung des WACC offengelegt.

Im Gegensatz zur Daimler AG richtet die ThyssenKrupp AG ihre wertorientierte variable Vergütung nicht nur teilweise an den Kapitalkosten sondern ausschließlich am TKVA aus. Der Beobachtungszeitraum umfasst durch den Vergleich des durchschnittlichen TKVA im Performancezeitraum mit dem durchschnittlichen TKVA in den davorliegenden drei Jahren insgesamt sechs Jahre. Dass aktuell keine Zahlungen aus dem LTI sondern dem Bonusprogramm erfolgen, kann ein Anreiz sein, die aktuelle Unternehmenssituation und die eher als negativ einzustufende Entwicklung der wertorientierten Kennzahlen zu verbessern.

3.2.4 Volkswagen AG

Der Volkswagen-Konzern ist im Geschäftsjahr 2011 mit über 8,3 Millionen verkauften Fahrzeugen sowie einem Umsatz von 159,337 Milliarden Euro der größte europäische Automobilhersteller, für den weltweit 501.956 Mitarbeiter arbeiten und zu dem insgesamt zehn verschiedenen Marken und die Sparte Volkswagen Financial Services gehören.[295] Das EBIT liegt bei 18,926 Milliarden Euro und das Ergebnis nach Steuern beläuft sich 2011 auf 15,799 Milliarden Euro.[296] Vorstandsvorsitzender ist Martin Winterkorn, Aufsichtsratsvorsitzender ist Ferdinand Piëch und das Geschäftsjahr entspricht dem Kalenderjahr.[297] Aus Anhang 26 ergeben sich weitere Basisinformationen über den Konzern.

3.2.4.1 Einsatz und Bericht wertorientierter Steuerungsgrößen und Ziele

Im Gegensatz zu anderen Unternehmen wird von der Volkswagen AG kein ausführliches Zielsystem zur wertorientierten Unternehmensführung veröffentlicht. Im Geschäftsbericht 2011 wird jedoch kurz darauf eingegangen, dass das finanzielle Zielsystem als Kernelement die kontinuierliche und nachhaltige Steigerung des Unternehmenswerts vorsieht und als Zielgröße den EVA benutzt.[298] Dabei wird die Höhe des Wertbeitrags, welcher dem EVA entspricht, über die Komponenten operatives Ergebnis nach Steuern und die Kapitalkosten des investierten Vermögens bestimmt.[299]

---

[295] Vgl. o.V., Volkswagen-Geschäftsbericht, S. 1 ff.
[296] Vgl. o.V., Volkswagen-Geschäftsbericht, S. 1
[297] Vgl. o.V., Volkswagen-Geschäftsbericht, S. 147 f.
[298] Vgl. o.V., Volkswagen-Geschäftsbericht, S. 186
[299] Vgl. o.V., Volkswagen-Geschäftsbericht, S. 186

Die Kapitalkosten werden dabei durch die Eigenkapitalkosten nach dem CAPM-Modell sowie durch die Fremdkapitalkosten bestimmt und sind für den Konzernbereich Automobile in Abbildung 39 dargestellt. Im Geschäftsbericht 2011 werden neben der Abbildung 39 noch detailliertere Informationen zu den einzelnen Berechnungskomponenten des WACC veröffentlicht.[300]

Abbildung 39 WACC des Konzernbereichs Automobile

%	2011	2010
Zinssatz für risikofreie Anlagen	2,7	3,0
Marktrisikoprämie MSCI World Index	5,5	5,0
Spezifische Risikoprämie Volkswagen	0,5	−0,1
(Beta-Faktor Volkswagen)	(1,09)	(0,99)
Eigenkapitalkostensatz nach Steuern	**8,7**	**7,9**
Fremdkapitalzinssatz	5,2	4,3
Steuervorteil	−1,5	−1,3
Fremdkapitalkostensatz nach Steuern	**3,6**	**3,0**
Anteil des Eigenkapitals	66,7	66,7
Anteil des Fremdkapitals	33,3	33,3
Kapitalkostensatz nach Steuern	**7,0**	**6,3**

Quelle: o.V., Volkswagen-Geschäftsbericht, S. 186

Der Wertbeitrag wird im Geschäftsbericht 2011 in Höhe von 5,641 Milliarden Euro Euro angegeben, die genaue Definition des EVA wird aber erst aus einer weiteren Druckschrift des Volkswagen-Konzerns ersichtlich und ist im Geschäftsbericht nicht angegeben.[301] Die wichtigsten finanziellen Steuerungsgrößen sind zum Überblick in Anhang 27 in einer Übersicht dargestellt.

Der EVA wird von der Volkswagen AG durch Verwendung einer der beiden in Abbildung 40 gezeigten Formeln berechnet, wobei die operativen Einflussfaktoren das Ergebnis und den Vermögenseinsatz darstellen und die finanziellen Einflussfaktoren durch die Kapitalstruktur und die Kapitalkostensätze bestimmt sind. Wann Wert geschaffen, gehalten oder verzehrt wird, ist aus Anhang 28 erkenntlich.

---

[300] Vgl. o.V., Volkswagen-Geschäftsbericht, S. 186
[301] Vgl. o.V., Volkswagen-Geschäftsbericht, S. 187 sowie vgl. o.V., Volkswagen-Steuerungsgrößen, S. 1 ff.

Abbildung 40 EVA und EVA-Spread der Volkswagen AG

$$EVA = Ergebnis - Kapitalkosten$$

oder

$$EVA = (RoI - Mindestzielrendite) * Vermögen$$

bzw. als EVA-Spread

$$EVA_{SPREAD} = (Kapitalrendite - Kapitalkostensatz) * investiertes Vermögen$$

Quelle: eigene Darstellung nach o.V., Volkswagen-Steuerungsgrößen, S. 7 ff.

Dabei bildet der Barwert der mit dem WACC diskontierten erwarteten EVA den Wertzuwachs eines Unternehmens oder eines Projektes in einem mehrjährigen Beobachtungszeitraum.

Der Kapitalkostensatz nach Steuern in Abbildung 39 ist gleichzeitig der Mindestverzinsungsanspruch bzw. das Mindestrenditeziel des Volkswagen-Konzerns, wobei für Investitionen in spezifische Regionen und Länder gewisse Risiken, wie z.B. das Währungs- oder das Politische-Risiko, einen höheren Mindestverzinsungsanspruch hervorrufen.[302]

Abbildung 41 zeigt die für die Berechnung der Kapitalrendite benötigte Formel und das Berechnungsschema für das investierte Vermögen.

Abbildung 41 RoI und investiertes Vermögen der Volkswagen AG

Return on Investment bzw. Kapitalrendite

$$RoI = \frac{operatives\ Ergebnis\ nach\ Steuern}{investiertes\ Vermögen} * 100\%$$

Investiertes Vermögen

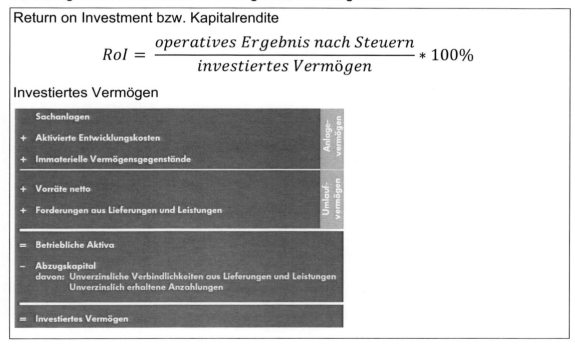

Quelle: eigene Darstellung nach o.V., Volkswagen-Steuerungsgrößen, S. 15 ff.

---

[302] Vgl. o.V., Volkswagen-Steuerungsgrößen, S. 11

Bei der Beurteilung von Produkten und anderen Investitionen werden auf Basis einer dynamischen Investitionsrechnung auch Ermittlungen mit der DCF-Methode durchgeführt.[303] Hierbei werden die erwarteten Cashflows mit dem WACC diskontiert und als Ergebnis der Kapitalwert zukünftiger Ein- und Auszahlungen ohne Berücksichtigung von Zinszahlungen ermittelt.[304] Ist der Kapitalwert größer als null, wird der Mindestverzinsungsanspruch erfüllt und ein Wertzuwachs geschaffen; ist er gleich null, werden die Kapitalkosten erwirtschaftet; ist er unter null, führt eine Durchführung zu einem Wertverzehr.[305]

3.2.4.2 Wertorientierte variable Vergütung bei der Volkswagen AG

Im Rahmen der Vorstandsvergütung, welche sich nach den Vorgaben des Aktiengesetz richtet und sich „weitestgehend"[306] an den Empfehlungen des Corporate Governance Kodex orientiert, werden sowohl fixe Gehaltsbestandteile wie ein Grundgehalt, als auch variable Bestandteile mit einer langfristigen Anreizwirkung eingesetzt.[307] Die variable Vergütung setzt sich aus einem Bonus und einem LTI zusammen. Dabei richtet sich der Bonus „im Wesentlichen an den erzielten Ergebnissen und der wirtschaftlichen Lage des Unternehmens"[308] aus - weitere Hintergrundinformationen oder genaue Berechnungsmethoden werden nicht veröffentlicht. Zum LTI wird kommuniziert, dass er einen vierjährigen Beobachtungszeitraum und verschiedene Bemessungsgrundlagen, welche aber alle nicht direkt mit einem wertorientierten Unternehmensführungskonzept zusammenhängen, besitzt und vom Aufsichtsrats eine Begrenzung der Bezüge gedeckelt werden „kann".[309] Die nicht unerhebliche Höhe der Vorstandsbezüge im Geschäftsjahr 2011 kann aus Anhang 29 nachvollzogen werden.

3.2.4.3 Abschlussbetrachtung Volkswagen AG

Was bei der Volkswagen AG zuerst auffällt ist, dass sie relativ wenige bis gar keine Hintergrundinformationen zu den verwendeten Managementkonzepten und der Ausrichtung auf Ziele vorgibt. Der Konzern wird aber auf Basis einiger wertorientierter Kennzahlen, deren Spitze die Kennzahl EVA bildet, gesteuert und überwacht. Über die Zusammenstellung und Berechnungsmethoden dieser Steuerungsgrößen sind in

---

[303] Vgl. o.V., Volkswagen-Steuerungsgrößen, S. 35
[304] Vgl. o.V., Volkswagen-Steuerungsgrößen, S. 35
[305] Vgl. o.V., Volkswagen-Steuerungsgrößen, S. 35
[306] Vgl. o.V., Volkswagen-Geschäftsbericht, S. 139
[307] Vgl. o.V., Volkswagen-Geschäftsbericht, S. 139
[308] Vgl. o.V., Volkswagen-Geschäftsbericht, S. 352
[309] Vgl. o.V., Volkswagen-Geschäftsbericht, S. 140

der erwähnten Druckschrift ausreichend Informationen erhältlich, was deren Aussagekraft deutlich steigert. Da das Konzept des EVA relativ leicht verstanden und in seiner Grundform ohne Anpassungen auch durch Investoren nachberechnet werden kann, ergibt sich eine nachvollziehbare wertorientierte Unternehmensführung auch ohne Angaben von weiteren Managementkonzepten. Als weiterer Punkt fällt auf, dass die Vorstandsvergütung sich weder am EVA noch an sonst erkennbaren stark wertorientierten Grundsätzen orientiert und die Zeiträume im Vergleich zu anderen Unternehmen relativ kurz angesetzt sind.

3.3 Analysierter Einsatz und Nutzen der wertorientierten Unternehmensführung

In diesem Abschnitt werden die letzten offenen Fragen aus der Einleitung behandelt, indem herausgearbeitet wird, ob die Kennzahlen der Unternehmen miteinander vergleichbar sind und ob es eine Relation zwischen der Entwicklung der wertorientierten Kennzahlen und dem Aktienkurs gibt. Außerdem wird der Einsatz für die variable Managementvergütung auf Basis der analysierten Unternehmen behandelt sowie der Nutzen von wertorientierten Kennzahlen bzw. wertorientierter Unternehmensführung als Entscheidungshilfe der Investoren herausgearbeitet und mit Handlungsempfehlungen versehen.

3.3.1 Vergleichbarkeit der verwendeten Kennzahlen und Konzepte

Die untersuchten Unternehmen verwendeten alle für die wertorientierte Unternehmenssteuerung sowohl ergebnis- als auch wertorientierte Kennzahlen und berichten in den meisten Fällen sehr ausführlich und nachvollziehbar über diese.

Bei drei von vier untersuchten Unternehmen wurde festgestellt, dass sie neben den Einsatzgebieten und den Berechnungsmethoden auch noch die dahinterstehenden Managementkonzepte und Ziele kommunizieren. Nur bei der Volkswagen AG geschieht dies ansatzweise und nicht ausführlich. Prinzipiell geben aber alle Unternehmen ein Bekenntnis zur Wertorientierung ab.

Interessanterweise taucht der Begriff Shareholder Value relativ selten bis gar nicht auf, was ggf. mit der kritischen Diskussion über die Ausrichtung begründet werden kann. Drei von vier Unternehmen machen detaillierte Angaben über die Berechnung der Kapitalkosten, das vierte Unternehmen, die Siemens AG, gibt lediglich deren Höhe, aber nicht das Berechnungsschema, an.

Außerdem weichen die Geschäftsjahre der beobachteten Unternehmen voneinander ab, was verschobene bzw. nicht parallel laufende Beobachtungs- und Berichtszeiträume nach sich zieht.

Auf Grund der fehlenden Standardisierung, unterschiedlichen Formeln und Berechnungsschemata, welche teilweise nicht komplett bekannt sind, sowie durch die Tatsache, dass oftmals das gleiche gemeint aber unterschiedlich bezeichnet wird, gestaltet sich eine Vergleichbarkeit einzelner Kennzahlen zwischen Unternehmen als schwierig bis unmöglich, was auch von Langguth in seiner Untersuchung so beobachtet wird.[310] Es kommt auch innerhalb der beobachteten Unternehmen teilweise zu Änderungen an der Berechnungsmethode, weshalb nicht immer eine Kontinuität gegeben ist und Umrechnungen teilweise nicht nachvollzogen werden können.

Manche Dinge, wie z.B. die Definition der Zielbänder, können nur anhand weiterer und tiefgründiger Recherchen nachvollzogen werden.

Anhang 30 gibt einen Überblick über die Inhalte, Nachvollziehbarkeit, Verständlichkeit und Vollständigkeit der verwendeten Kennzahlen und Konzepte.

3.3.2 Relation zwischen wertorientierten Kennzahlen und Aktienkursentwicklung

Im beobachteten Zeitraum sind die globalen Kapitalmärkte und die Weltwirtschaft durch die wirtschaftliche Entwicklung in Europa und die Eurokrise stark verunsichert, was an den Börsen entsprechend mit Kursverlusten bemerkbar ist.[311] So gilt der August 2011 als einer der schlechtesten Monate in der Geschichte des DAX.[312] Außer der ThyssenKrupp AG, deren Verluste deutlich höher als die Verluste des DAX ausfallen, haben sich alle anderen Unternehmen bzw. deren Kursentwicklung an den Kursentwicklungen des DAX und anderer bedeutender Indizes orientiert.[313] Mit den entsprechenden Chartwerkzeugen, welche es im Internet bei den meisten Banken kostenlos gibt, kann man die Entwicklung einer Aktie sehr einfach in Vergleich mit beliebigen Werten, Indizes oder anderen Aktien setzen und dies nachprüfen.[314] Obwohl in drei von vier Fällen die beobachteten wertorientierten Kennzahlen alle eine positive Entwicklung im Vergleich zu den Vorjahren haben, hat dies unter den herrschenden Rahmenbedingungen und Erwartungen der Weltwirtschaft keinen merkbaren Einfluss auf die Aktienkurse. Die Literatur bestätigt an vielen Stellen, dass es

---

[310] Vgl. Langguth, 2008, S. 296
[311] Vgl. o.V., Spiegel-Pressebericht
[312] Vgl. o.V., FTD-Pressebericht
[313] Vgl. o.V., Cortal-Consors
[314] Vgl. o.V., Postbank-Chartwerkzeug

gerade in wirtschaftlich schwierigen Zeiten keinen kurzfristigen Zusammenhang zwischen einer wertorientierten Unternehmensführung und der Aktienkursentwicklung gibt, aber dass die Relationen zwischen einer positiven Kennzahlenentwicklung und einer positiven Kursentwicklung mittel- bis langfristig zu finden und gegeben sind.[315]

3.3.3 Einsatz als Beurteilungsgröße für variable Gehaltsbestandteile

Die bindenden Vorgaben, wie sie sich z.B. aus dem HGB, den IFRS oder dem Aktiengesetz ergeben, wurden alle umgesetzt. Auffallend ist, dass sich manche Unternehmen nur ansatzweise am Corporate Governance Kodex orientieren. Außer der ThyssenKrupp AG verwenden alle anderen Unternehmen zum großen Teil nur ergebnis-, cash- oder aktienkursorientierte Kennzahlen zur Berechnung der variablen Gehaltsbestandteile. Die in Kapitel 2.4 vorgeschlagenen Größen EVA oder CVA werden nur bei der ThyssenKrupp AG in Form des TKVA als Teil der Bemessungsgrundlage herangezogen. Da bei ThyssenKrupp aber aufgrund der negativen TKVA-Entwicklung keine entsprechenden Auszahlungen im LTI angefallen sind, hat der Aufsichtsrat noch ein zusätzliches Bonusprogramm entworfen um das Management adäquat entlohnen zu können. Auffallend ist auch, dass es bezüglich der vorgeschriebenen Sperr- und Haltefristen bei den Unternehmen unterschiedliche Ausprägungen von relativ kurz- bis relativ langfristig gibt.

3.3.4 Nutzen als Entscheidungshilfe und Handlungsempfehlungen für Investoren

Da mittel- bis langfristig der durchschnittliche Aktienkurs und die Rendite immer der Entwicklung des durchschnittlichen Unternehmenswerts folgen, ist eine positive Entwicklung der wertorientierten Kennzahlen ein guter Indikator für eine Investition. Dies wird auch von anderen Studien und Untersuchungen so gesehen.[316] Da aber nicht alleine die wertorientierte Unternehmensführung einen Einfluss auf die Rendite des Investments hat, können dem Investor zusammenfassend folgende Handlungsempfehlungen gegeben werden:

- Detaillierte Recherchen über die betreffenden Unternehmen sind zur Schaffung einer Übersicht und zur fundierten Entscheidungsfindung unverzichtbar. Oftmals gibt es neben den Informationen in den Geschäftsberichten noch weitere Druckschriften oder Informationen auf den Investor-Relations-

---

[315] Vgl. Coenenberg / Salfeld, 2007, S. 281
[316] Vgl. Coenenberg / Salfeld, 2007, S. 281

Internetseiten der Unternehmen. Diese Recherche kann zwar sehr zeitaufwendig sein, erlaubt aber viele Rückschlüsse auf das betrachtete Unternehmen. Vor allem die Informationen zur wertorientierten Unternehmensführung können dabei sehr aufschlussreich und informativ sein.

- Um die Kontinuität der Entwicklung sicherzustellen, ist eine Überprüfung erforderlich, ob sich die Berechnungsmethoden oder verwendeten Kennzahlen im Laufe der Jahre verändert haben. Sollte die Berechnungsmethode geändert worden sein, wäre zur besseren Übersicht und Vergleichbarkeit eine Übertragung der modifizierten Berechnung auf die Vorjahre zu erfolgen.
- Beachtung der Rahmenbedingungen wie z.B. Entwicklung der Weltwirtschaft, Branchenindikatoren, Nachrichten, Ad-Hoc-Mitteilungen[317], Handelsvolumina etc. Generell gilt aber, dass man mit Nachrichten und vor allem Tipps aus Internetforen eher vorsichtig umgehen und nicht jedem Trend folgen sollte.[318]
- Aktienbesitz durch die Vorstände kann ein Signal sein, dass der entsprechende Manager Vertrauen in die Entwicklung des Unternehmens hat – er kann aber auch über Regelungen der Vorstandsvergütung zum Aktienbesitz verpflichtet oder angehalten sein. Die gesetzten langfristigen Anreize können unterschiedlich ausfallen und sollten anhand der Angaben in den Geschäftsberichten auf wertorientierte Faktoren überprüft werden.
- Für Kleinanleger gilt generell, dass Aktieninvestments nur mit entsprechendem Fachwissen über die Börsen und nur dann getätigt werden sollten, wenn der mögliche Totalverlust bekannt und vertretbar ist.[319] Daneben sollte man sich eine Anlagestrategie aneignen.
- Das Risiko sollte gestreut werden, da bei vier untersuchten Unternehmen eines überdurchschnittlich negativ abschneidet. Generell gilt, dass man sein Depot nicht ausschließlich mit Aktien sondern auch mit anderen Anlageformen wie z.B. Bundesschatzbriefen, Rentenpapieren, etc. diversifizieren sollte.[320]

---

[317] Ad-Hoc-Mitteilungen sind Unternehmensnachrichten, die einer sofortigen Publizitätspflicht unterliegen
[318] Vgl. o.V., Focus-Presserbericht
[319] Vgl. o.V., Focus-Pressebericht
[320] Vgl. Schwarzer, Handelsblatt-Pressebericht

3.4 Zusammenfassung der Ergebnisse und Handlungsempfehlungen

Die in der Einleitung gestellten Fragen und die Ergebnisse dieser Untersuchung können folgendermaßen beantwortet bzw. kompakt zusammengefasst werden:

- Die Vorstellung der Vor- und Nachteile der gängigsten wertorientierten Kennzahlen und die möglichen Einsatzgebiete aus Abschnitt 2.3.6 zeigen die Eignung und Tauglichkeit der wertorientierten Unternehmenssteuerung.

- Das Kapitel 3 und der Anhang 30 geben einen umfassenden Überblick über die in den detailliert untersuchten Unternehmen zur wertorientierten Unternehmensführung eingesetzten Kennzahlen, den zugrundeliegenden Kapitalkosten sowie verwendeten Konzepten bzw. Steuerungs- und Zielsystemen.

- Bei einigen Unternehmen richten sich Teile der Managementvergütung an Prinzipien der wertorientierten Unternehmensführung aus und es werden wertorientierte Kennzahlen als Bemessungsgrundlage eingesetzt. Die Abschnitte 3.2.1.2, 3.2.2.2, 3.2.3.2 sowie 3.2.4.2 und 3.3.3 nehmen hierzu ausführlich Stellung.

- Zwischen der wertorientierten Unternehmensführung, ihrer Berichterstattung und der Aktienkursentwicklung besteht, wie in Abschnitt 3.3.2 beschrieben, vor allem in wirtschaftlich unsicheren Zeiten kein direkt herstellbarer Zusammenhang. Mittel- und langfristig ist dieser aber gegeben.

- Für Investoren sind vor allem die detailliert beschriebenen Hintergründe, Formeln und Berechnungsschemata relevant, da er nur so die Berechnungen nachvollziehen und sich einen realistischen Eindruck verschaffen kann. Je mehr Informationen aussagekräftig kommuniziert werden, desto umfassender kann das Bild erstellt werden. Wie belastbar die Angaben tatsächlich sind, lässt sich meistens nur sagen, wenn es entweder im Laufe der Jahre zu keiner Modifikation der Berechnungsmethode kommt, oder wenn die modifizierte Berechnung auch auf die Vorjahre übertragen wird.

- Investoren sollten sich umfassend vor einer Investition über die wertorientierte Unternehmensführung beim betreffenden Unternehmen informieren, da wertorientierte Unternehmen im Laufe der Zeit erfolgreicher sind. Je aussagekräftiger die von den Unternehmen publizierten Informationen speziell zur wertorientierten Unternehmensführung sind, desto besser lässt sich die Recherche durchführen und die Angaben des Unternehmens unter Berücksichtigung der theoretischen Hintergründe überprüfen. Außerdem sollte das Risiko gestreut und nicht nur auf ein Unternehmen gesetzt werden. Wertorientierte Anreize können vorhanden sein und das Management positiv beeinflussen. Aus Abschnitt 3.3.4 ergeben sich weitere relevante Handlungsempfehlungen.

- Durch die unterschiedlichen Berechnungsmethoden und Definitionen lässt sich nur sehr schwer bis gar kein Vergleich zwischen verschiedenen Unternehmen herstellen. Diese Tatsache wird, wie in Abschnitt 3.3.1 erwähnt, auch in der Literatur nicht bestritten.
- Andere Studien kommen, wie aus Abschnitt 3.1 sowie Anhang 9 und Anhang 10 ersichtlich, zu ähnlichen Ergebnissen wie diese Untersuchung. Es kommt dabei oftmals auch auf die gestellten Fragen, den Untersuchungsbereich und die zur Untersuchung herangezogenen Materialien an. Kritisch werden besonders die fehlende Standardisierung, Manipulationsmöglichkeiten und falsche Anreize durch Desinvestitionen o.ä. gesehen, da diese zwar kurzfristig den Aktienkurs beeinflussen können, aber langfristig kontraproduktiv und wertvernichtend wirken.

4 Fazit und Ausblick

In diesem Kapitel wird auf Probleme bei der Untersuchung eingegangen und kurz die zukünftigen Entwicklungen angesprochen sowie ein Ausblick ermöglicht. Abschließend wird eine eigene Wertung sowie Kritik über die wertorientierte Unternehmensführung abgegeben.

4.1 Probleme bei der Untersuchung

Da die Untersuchung aufgrund der Orientierung am Kapitalmarkt und den Handlungsspielräumen von Investoren auf Basis von öffentlich zugänglichen Informationen durchgeführt wurde, erfolgt keine Einbeziehung von Fragebögen und Interviews. Ggf. würden durch diese noch fehlende Hintergrundinformationen und Berechnungsmethoden ergänzt, welche für einen umfassenden Blick notwendig sind.

Durch die fehlende Standardisierung und teilweise fehlenden Hintergrundinformationen kann in manchen Fällen demnach auch kein Rückschluss von der Theorie auf die Praxis erfolgen. Dieser Umstand kann den Rahmenbedingungen des Unternehmens angepasst sein, aber sich wegen den fehlenden Informationen dem externen Beobachter nicht erschließen.

Ein weiteres Problem bei der Untersuchung ist die begrenzte Anzahl an untersuchten Unternehmen. Um wirklich zuverlässige Aussagen über den Einsatz der wertorientierten Unternehmensführung geben zu können, wäre eine breitere Daten- bzw. Beobachtungsbasis notwendig. Hierfür wäre eine Einbeziehung aller DAX 30 Unternehmen und weiterer Kapitalgesellschaften sowie ein längerer Beobachtungszeitraum notwendig. Vor diesem Problem stehen die anderen Untersuchungen ebenfalls, auch wenn nicht ganz so erheblich, da sie bereits eine breitere Beobachtungsbasis nutzen. Durch die Anzahl der unterschiedlichen Konzepte wäre bei späteren Untersuchungen zuerst die Konzentration auf eine Kennzahl zu empfehlen.

Weiterhin wird als problematisch gesehen, dass die Integration der wertorientierten Vergütung nur für die oberste Hierarchieebene überprüft werden kann und die Berücksichtigung wertorientierter Aspekte nur ansatzweise erfolgen kann.

Sämtliche genannten Probleme und Schwierigkeiten ergeben Anlass und Fragen für weitere Studien und Untersuchungen auf dem Gebiet der wertorientierten Unternehmensführung.

4.2 Zukünftige Entwicklungen und Ausblick

Damit die Interessen der Kapitalgeber gewahrt bleiben, wird es vermutlich auch in Zukunft eine wertorientierte Unternehmensführung und die zugehörige Berichterstattung geben.[321] Auch aus rein gesamtwirtschaftlichen und informativen Gesichtspunkten ist eine noch weiter wachsende Bedeutung der wertorientierten Berichterstattung zu erwarten, da diese eine höhere Aussagekraft als die herkömmliche Berichterstattung besitzt.[322]

Dabei wäre eine Standardisierung der Berechnungsmethoden von Vorteil, da so die Kommunizierbarkeit erheblich vereinfacht würde sowie erstmals ein Vergleich zwischen unterschiedlichen Unternehmen anhand von wertorientierten Kennzahlen erfolgen könnte. Die Harmonisierung der internationalen Rechnungslegung und der Trend zur aktionärsorientierten Bilanzierung stellen dabei besondere Möglichkeiten und Chancen dar.[323]

Desweiteren ist davon auszugehen, dass bestehende Konzepte theoretisch und praktisch weiterentwickelt und den Erfordernissen angepasst werden.[324]

So wird auch die ursprüngliche Ausrichtung des Shareholder Value auf die Wertverteilung immer mehr in Richtung einer nachhaltigen Wertsteigerung zum Wohle aller Beteiligten forciert: die Erfahrungen aus der Wirtschafskrise, der Druck der Öffentlichkeit und die zunehmende Bedeutung der Einhaltung der Standards zur guten Unternehmensführung, dem Coporate Governance Kodex, werden sich ebenfalls stark auf die Ziele und Managementausrichtung der Unternehmen bemerkbar machen.[325] Eine konsequente Ausrichtung an wertorientierten und nachhaltigen Faktoren bei der Anwendung des Shareholder Value-Ansatzes bzw. der wertorientierten Unternehmensführung als übergeordnetem Rahmen wird den Ruf und die Akzeptanz dieses Steuerungskonzeptes aber voraussichtlich wieder verbessern.[326]

4.3 Wertung und Kritik der wertorientierten Unternehmensführung

Persönlich wird die wertorientierte Unternehmensführung vom Autor als sehr vorteilhaft für Investoren und die damit arbeitenden Unternehmen gesehen. Sie ist definitiv aussagekräftiger und zielgerichteter als die herkömmliche Berichterstattung.

---

[321] Vgl. Pilzecker, 2011, S. 83
[322] Vgl. Stiefl / Westerholt, 2008, S. 176
[323] Vgl. Stiefl / Westerholt, 2008, S. 176
[324] Vgl. Voigt, 2012, S. 53 f.
[325] Vgl. Kachel / Flotow, 2011, S. 9 ff.
[326] Vgl. Britzelmaier u.a., 2011, S. 9

Anlass zur Kritik bieten jedoch die teilweise sehr versteckten oder nicht vorhandenen Informationen sowie der hohe Zeitaufwand zur Einschätzung und Überprüfung, welcher aufgrund einer fehlenden Standardisierung benötigt wird.

Die Ausrichtung der Managementvergütung an wertorientierten Faktoren ist noch nicht, wie von der Theorie empfohlen, auf hohem Niveau umgesetzt. Daraus lassen sich schwer Rückschlüsse über die propagierte Anreizwirkung schließen, vor allem, da nicht bei jedem Unternehmen bekannt ist, ob diese Anreize zur Unterstützung der wertorientierten Unternehmensführung auch in Hierarchiestufen unter der Vorstandsebene angewendet werden. Ob die wertorientierte Unternehmensführung wirklich im Unternehmen gelebt wird und implementiert ist, lässt sich somit auf Grund der externen Betrachtungsweise nicht richtig einschätzen. Dass es bei der Besetzung der Aufsichtsräte gewisse Überschneidungen gibt, wird ebenfalls noch unter bestimmten Gesichtspunkten als kritisch betrachtet.

Bei einer zu starken Konzentration auf eine Steigerung des Aktienkurses und einer zu starken Präferenz auf der Wertverteilung an die Anteilseigner kann eine wertorientierte Unternehmensführung auch negativ ausgeprägt sein. Es kommt also dabei auf einen verantwortungsvollen Einsatz durch die Unternehmen an, wobei der Autor davon ausgeht, dass der Druck durch die Öffentlichkeit die meisten Unternehmen zu einer nachhaltigen Wertsteigerung zum Wohle aller Beteiligten drängen wird.

Anhang

Anhang 1 Cashflow-Berechnung nach der DVFA/SG-Methode

		Jahresüberschuss/Fehlbetrag
	+	Abschreibungen
	−	Zuschreibungen auf das Anlagevermögen
	+/−	Veränderungen der Rückstellungen für Pensionen und ähnliche Verpflichtungen bzw. andere langfristige Rückstellungen
	+/−	Veränderungen des Sonderpostens Rücklageanteil
		Andere wesentlichen zahlungsunwirksamen Aufwendungen bzw. Erträge
	=	Jahres-Cashflow
	+/−	wesentliche ungewöhnliche zahlungswirksame Aufwendungen bzw. Erträge
	=	Cashflow nach DVFA / SG

Quelle: Münch, 2004, S. 10

Anhang 2 Zusammenhang zwischen innerem Wert und Marktwert des Eigenkapitals

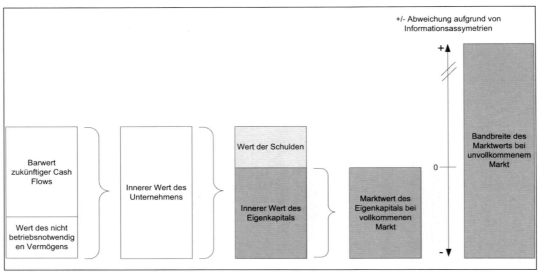

Quelle: Stiefl / Westerholt, 2008, S. 5

Anhang 3 Rechenbeispiel zum CFRoI

Ausgangsbasis:

BIB = 100; BCF = 35; naA = 0; n = 4 Jahre;

i_1 = 0,14 (→KW_1 = 1,97993); i_2 = 0,15 (→KW_2 = -0,07576)

Rechnung i_1:

$$-100 + \frac{35}{(1+0{,}14)^1} + \frac{35}{(1+0{,}14)^2} + \frac{35}{(1+0{,}14)^3} \frac{35}{(1+0{,}14)^4} + \frac{0}{(1+0{,}14)^4} = 1{,}97993$$

Rechnung i_2:

$$-100 + \frac{35}{(1+0{,}15)^1} + \frac{35}{(1+0{,}15)^2} + \frac{35}{(1+0{,}15)^3} \frac{35}{(1+0{,}15)^4} + \frac{0}{(1+0{,}15)^4} = -0{,}07576$$

Berechnung IRR-CFRoI mit Hilfe der regula falsi

$$IRR - CFRoI = i_1 - KW_1 * \frac{(i_2 - i_1)}{(KW_2 - KW_1)}$$

$IRR - CFRoI = 0{,}149631 = 14{,}9631\%$

Quelle: Stiefl / Westerholt, 2008, S. 52

Anhang 4 Einsatzgebiete und Eignung der Kennzahlen

Ansatz \ Aktivität	Unternehmensbewertung	Messung des Periodenerfolgs	Bewertung von Strategien und Projekten	Wertorientierte Vergütung
DCF	++	-	++	-
EVA	0	++	0	+
CFRoI	0	-	0	-
CVA	0	+	0	+
++/+ = sehr gut / gut geeignet; 0 = mit Einschränkungen geeignet; - = eher ungeeignet				

Quelle: Stiefl / Westerholt, 2008, S. 88

Anhang 5 Zusammensetzung und Gewichtung des DAX Stand 22.06.2012

Aktienbezeichnung	Marktwert (in Mio. €)	Indexgewichtung	Jahresperformance
ADIDAS AG NA O.N.	12.313,71	2,2535%	9,5525%
ALLIANZ SE VNA O.N.	35.727,92	6,5383%	-15,9092%
BASF SE NA O.N.	53.398,06	9,7720%	-13,8272%
BAY.MOTOREN WERKE AG ST	18.633,38	3,4100%	-10,5488%
BAYER AG NA	45.601,81	8,3453%	-6,1086%
BEIERSDORF AG O.N.	5.203,14	0,9522%	17,8796%
COMMERZBANK AG O.N.	5.957,73	1,0903%	-55,4919%
DAIMLER AG NA O.N.	32.098,11	5,8741%	-25,0479%
DEUTSCHE BANK AG NA O.N.	26.444,61	4,8395%	-28,7417%
DEUTSCHE BOERSE NA O.N.	7.857,43	1,4379%	-21,3063%
DEUTSCHE POST AG NA O.N.	11.741,37	2,1487%	10,7472%
DT.TELEKOM AG NA	25.914,52	4,7424%	-13,8112%
E.ON AG NA	30.795,56	5,6357%	-13,5718%
FRESEN.MED.CARE KGAA ST	10.933,68	2,0009%	10,5503%
FRESENIUS SE+CO.KGAA O.N.	9.587,28	1,7545%	17,4057%
HEIDELBERGCEMENT AG O.N.	4.806,03	0,8795%	-19,5225%
HENKEL AG+CO.KGAA VZO	9.090,44	1,6636%	10,8553%
INFINEON TECH.AG NA O.N.	6.407,48	1,1726%	-15,5823%
K+S AG NA O.N.	5.550,85	1,0158%	-37,6621%
LINDE AG O.N.	20.817,25	3,8096%	2,3923%
LUFTHANSA AG VNA O.N.	3.847,22	0,7041%	-36,0801%
MAN SE ST O.N.	4.578,13	0,8378%	-8,9587%
MERCK KGAA O.N.	5.009,10	0,9167%	7,8577%
METRO AG ST O.N.	3.127,34	0,5723%	-41,6548%
MUENCH.RUECKVERS.VNA O.N.	17.475,17	3,1980%	7,7249%
RWE AG ST O.N.	15.401,45	2,8185%	-14,1528%
SAP AG O.N.	42.853,55	7,8424%	10,5858%
SIEMENS AG NA	52.452,99	9,5991%	-26,3077%
THYSSENKRUPP AG O.N.	4.602,34	0,8422%	-63,3934%
VOLKSWAGEN AG VZO O.N.	18.209,68	3,3324%	-6,7310%
	546.437,33		

Quelle: eigene Darstellung

Anhang 6 DAX-Entwicklung in den letzten zehn Jahren Stand 25.06.2012

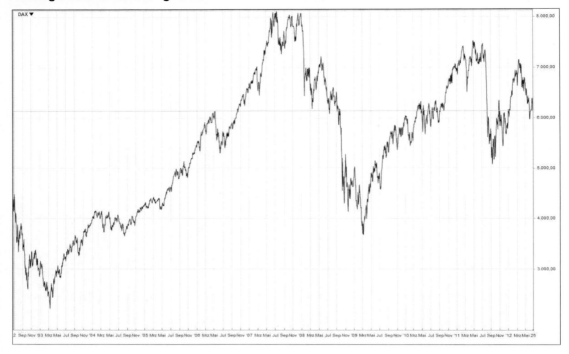

Quelle: o.V., DAX-Chart

Anhang 7 Häufigkeit berichteter Kennzahlen im Geschäftsjahr 2010

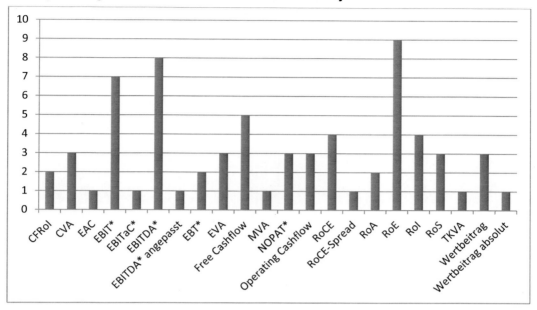

Quelle: Voigt, 2012, S. 29

* = Kennzahl für die Ermittlung weiterer Kennzahlen wie RoCE oder EVA

Anhang 8 Häufigkeit berichteter Kennzahlen im Geschäftsjahr 2008

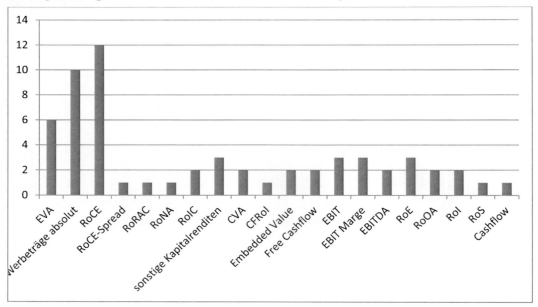

Quelle: Pilzecker, 2011, S. 34

Anhang 9 Wertorientierte Kennzahlen in den Geschäftsberichten 2008

Unternehmen	absolute Wertbeträge (z.B. EVA)	relative Wertbeträge (z.B. RoCE)	Cashflow orientierte Kennzahlen (z.B. CFRoI, CVA)	Weitere Kennzahlen
Adidas AG		Kapitalrendite > Kapitalkosten		
Allianz SE	EVA		Embedded Value	
BASF SE	EBIT nach Kapitalkosten			
Bayer AG			CVA und CFRoI	
Beiersdorf AG	EVA			EBIT, EBIT-Umsatzrendite
BMW AG		RoCE		RoE
Commerzbank AG	keine Angaben zur Verwendung wertorientierter Kennzahlen			
Daimler AG	Value Added			RoNA, RoE
Deutsche Bank AG	keine Angaben zur Verwendung wertorientierter Kennzahlen			
Deutsche Börse AG		RoCE		EBIT-Marge
Deutsche Lufthansa AG			CVA	
Deutsche Post AG	EAC			
Deutsche Telekom AG	EVA	Kapitalrendite		
E.ON AG	Value Added	RoCE		
Fresenius SE		RoIC		EBIT, EBIT-Marge, RoOA
Fresenius Medical Care AG & Co. KGaA		RoIC		EBIT, EBITDA, RoOA, RoE
Henkel KGaA	EVA	RoCE		
Infineon AG	keine Angaben zur Verwendung wertorientierter Kennzahlen			
K+S AG	Value Added	RoCE		RoI
Linde AG		RoCE		Free Cashflow, EBITDA
MAN SE	MAN Value Added	RoCE		RoS
Merck KGaA	keine Angaben zur Verwendung wertorientierter Kennzahlen			
Metro AG	EVA, ΔEVA	RoCE		
Münchner Rück AG	Wertbeitrag	RoRAC	Embedded Value	
RWE AG	absoluter Wertbeitrag	RoCE, relativer Wertbeitrag		
Salzgitter AG		RoCE		
SAP AG			Discounted Free Cashflow	
Siemens AG	Geschäftswertbeitrag	RoCE		
ThyssenKrupp AG	Value Added, ΔValue Added			
Volkswagen AG	EVA			

Quelle: eigene Darstellung nach Pilzecker, 2011, S. 33 f.

Anhang 10 Vergleich diverser Studien zur wertorientierten Unternehmensführung

	Britzelmaier et al. 2011	Schultze et al. 2009	Droste et al. 2006	Fischer & Rödl 2005
Untersuchungsgrundlage	Geschäftsberichte	Geschäftsberichte 2000 - 2005	Geschäftsberichte und Fragebögen	Geschäftsberichte
Bekenntnis zur Wertorientierung	100% (30 von 30)	43% (13 von 30)	96% (25 von 26)	60% (18 von 30)
Konzepte / Steuerungsgrößen	13x EVA 2x CVA 7x Sonstige	12x EVA 2x CVA 12x Rendite	13x EVA 14x WACC 14x Rendite	9x EVA 2x CVA 19x Rendite
Wertorientierte Managementvergütung	52% (12 von 23)	Nicht untersucht	92% (24 von 26)	Nicht untersucht

Quelle: eigene Darstellung nach Borm u.a., 2012, S. 27

Anhang 11 Informationen über die Siemens AG

Finanzielle Leistungsindikatoren (in Mio. €, wenn nicht anders angegeben)	GJ 2011	GJ 2010
Auftragseingang (fortgeführte Aktivitäten)	85.582	74.055
Umsatz (fortgeführte Aktivitäten)	73.515	68.978
Ergebnis Summe Sektoren	9.093	6.673
Gewinn aus fortgeführten Aktivitäten	7.011	4.262
Return on Capital Employed (ROCE) (fortgeführte Aktivitäten)	24,0%	13,4%
Kapitalstruktur (fortgeführte Aktivitäten)[1]	−0,14	0,22
Free Cash Flow (fortgeführte Aktivitäten)	5.885	7.043
Ergebnis je Aktie (fortgeführte Aktivitäten)	7,82	4,72
Dividende je Aktie (in €)	3,00[4]	2,70
Mitarbeiter (fortgeführte Aktivitäten)[2]		
Anzahl der Mitarbeiter weltweit (in Tausend)[2]	360	336
Anzahl der Mitarbeiter in Deutschland (in Tausend)[2]	116	110
Forschung und Entwicklung (fortgeführte Aktivitäten)		
Mitarbeiter in Forschung und Entwicklung (in Tausend)[3]	27,8	27,2
Aufwendungen für Forschung und Entwicklung (in Mio. €)	3.925	3.558
Verhältnis von FuE-Aufwendungen zu Gesamtumsatz	5,3%	5,2%
Wesentliche Forschungsstandorte	160	150
Siemens-Umweltportfolio		
Mit dem Umweltportfolio erzielter Umsatz (in Mrd. €)	29,9	27,4[5]
Mit Produkten und Lösungen des Umweltportfolios erzielte jährliche Vermeidung von Treibhausgasemissionen gegenüber Beginn des GJ 2002 (in Mio. Tonnen Kohlendioxid)	317	269

Einige der oben genannten Finanzkennzahlen sind oder können sogenannte Non-GAAP-Kennzahlen sein.
Weitere Informationen finden Sie unter www.siemens.com/nonGAAP
1 Angepasste industrielle Nettoverschuldung/ angepasstes EBITDA.
2 Zum 30. September 2011 und 2010.
Aus Vereinfachungsgründen wird der Begriff »Mitarbeiter« verwendet; er steht stellvertretend für Mitarbeiterinnen und Mitarbeiter.
3 Im Durchschnitt eingesetzte Mitarbeiter im Geschäftsjahr.
4 Vorschlag auf der Hauptversammlung.
5 Auf vergleichbarer Basis.

Quelle: o.V., Siemens-Blick, S. 2

Anhang 12 Berechnung des RoCE der Siemens AG

Kapitalrendite (ROCE) (angepasst)

(in Mio. €)	30. September 2011	30. September 2010
Eingesetztes Kapital		
Summe Eigenkapital	32.156	29.096
Plus: Langfristige Finanzschulden	14.280	17.497
Plus: Kurzfristige Finanzschulden und kurzfristig fällige Anteile langfristiger Finanzschulden	3.660	2.416
Minus: Zahlungsmittel und Zahlungsmitteläquivalente	−12.468	−14.108
Plus: Pensionen und ähnliche Verpflichtungen	7.307	8.464
Minus: Financial Services (SFS) – Finanzschulden	−12.075	−10.028
Minus: Effekte aus der Bilanzierung von Fair Value Hedges [1]	−1.470	−1.518
Eingesetztes Kapital (fortgeführte und nicht fortgeführte Aktivitäten)	31.391	31.819
Minus: Zur Veräußerung bestimmte Vermögenswerte, ausgewiesen als nicht fortgeführte Aktivitäten	−4.667	–
Plus: Zur Veräußerung bestimmte Verbindlichkeiten, ausgewiesen als nicht fortgeführte Aktivitäten	1.756	–
Eingesetztes Kapital (fortgeführte Aktivitäten)	28.479	31.819
Durchschnittlich eingesetztes Kapital (fortgeführte Aktivitäten) [2]	30.258	33.513

(in Mio. €)	Geschäftsjahresende 30. September 2011	Geschäftsjahresende 30. September 2010
Gewinn aus fortgeführten Aktivitäten vor Zinsen nach Steuern		
Gewinn nach Steuern	6.321	4.068
Minus: Übriges Zinsergebnis	−376	−317
Plus: Übriges Zinsergebnis SFS [3]	371	339
Plus: Zinsaufwendungen für Pensionen und ähnliche Verpflichtungen [4]	356	315
Minus: Steuern auf Zinsanpassungen [5]	−85	−98
Gewinn vor Zinsen nach Steuern	6.587	4.308
Minus/Plus: Gewinn/Verlust aus nicht fortgeführten Aktivitäten (nach Steuern)	690	194
Gewinn aus fortgeführten Aktivitäten vor Zinsen nach Steuern	7.277	4.502
Berechnung des Steuersatzes		
(I) Gewinn aus fortgeführten Aktivitäten vor Ertragsteuern	9.242	5.974
(II) Ertragsteuern	−2.231	−1.712
(II) / (I) Steuersatz	24 %	29 %
Kapitalrendite (ROCE) (angepasst) (fortgeführte Aktivitäten)		
(I) Gewinn aus fortgeführten Aktivitäten vor Zinsen nach Steuern	7.277	4.502
(II) Durchschnittlich eingesetztes Kapital (fortgeführte Aktivitäten) [2]	30.258	33.513
(I) / (II) ROCE (angepasst) (fortgeführte Aktivitäten)	24,0 %	13,4 %

[1] Grundsätzlich werden Finanzschulden zu einem Wert ausgewiesen, der annähernd dem Rückzahlungsbetrag entspricht. Für Finanzschulden, die in einer Sicherungsbeziehung stehen (Fair Value Hedges), wird dieser Wert jedoch hauptsächlich um zinsinduzierte Marktwertänderungen angepasst. Wir ziehen daher diese Marktwertänderung ab, um auf einen Wert zu kommen, der annähernd dem Rückzahlungsbetrag der Finanzschulden entspricht. Wir sind der Überzeugung, dass dieser Wert aussagekräftiger für die oben dargestellte Berechnung ist. Für weiterführende Informationen zu Fair Value Hedges siehe p. D.6 Anhang zum Konzernabschluss.
[2] Das durchschnittlich eingesetzte Kapital für ein Geschäftsjahr errechnet sich als ein Fünf-Punkt-Durchschnitt aus dem durchschnittlich eingesetzten Kapital der jeweiligen fünf Quartale, beginnend mit dem 30. September des vorangegangenen Geschäftsjahrs.
[3] Übriges Zinsergebnis SFS ist in Übriges Zinsergebnis enthalten. Die Anpassung des Zählers um Übriges Zinsergebnis SFS erfolgt in Übereinstimmung mit der Anpassung des Nenners um die SFS-Finanzschulden.
[4] Für die Geschäftsjahre 2011 und 2010 errechnen sich die Zinsaufwendungen für Pensionen und ähnliche Verpflichtungen auf Basis des gewichteten durchschnittlichen Abzinsungsfaktors zum Bilanzstichtag des Geschäftsjahrs 2010 (4,2 %) und des Geschäftsjahrs 2009 (5,3 %) (beide sind im Anhang zum Konzernabschluss dargestellt), multipliziert mit dem Wert für Pensionen und ähnliche Verpflichtungen zum 30. September 2010 beziehungsweise 2009 in der Konzernbilanz.
[5] Der effektive Steuersatz für die Berechnung der Steuern auf die Zinsanpassungen ergibt sich aus den Ertragsteuern, dividiert durch den Gewinn aus fortgeführten Aktivitäten vor Ertragsteuern, wie in der Konzern-Gewinn- und Verlustrechnung dargestellt.

Aufgrund von Rundungen ist es möglich, dass sich Zahlen nicht genau zur angegebenen Summe aufaddieren und Prozentangaben nicht genau die absoluten Angaben wiedergeben.

Quelle: o.V., Siemens-Geschäftsbericht, S. 154

Anhang 13 Berechnung der angepassten industriellen Nettoverschuldung der Siemens AG

(in Mio. €)	30. September 2011	2010
Kurzfristige Finanzschulden und kurzfristig fällige Anteile langfristiger Finanzschulden	3.660	2.416
Plus: Langfristige Finanzschulden[1]	14.280	17.497
Minus: Zahlungsmittel und Zahlungsmitteläquivalente	– 12.468	– 14.108
Minus: Kurzfristige zur Veräußerung verfügbare finanzielle Vermögenswerte	– 477	– 246
Nettoverschuldung	4.995	5.560
Minus: SFS-Finanzschulden	– 12.075	– 10.028
Plus: Pensionen und ähnliche Verpflichtungen[2]	7.307	8.464
Plus: Kreditgarantien	591	597
Minus: 50 % des Nominalbetrags der Hybridschuldverschreibung[3]	– 883	– 886
Minus: Effekte aus der Bilanzierung von Fair Value Hedges[4]	– 1.470	– 1.518
Angepasste industrielle Nettoverschuldung	– 1.534	2.189
Angepasstes EBITDA (fortgeführte Aktivitäten)	10.596	9.805
Angepasste industrielle Nettoverschuldung/angepasstes EBITDA (fortgeführte Aktivitäten)	– 0,14	0,22

1 Der Posten Kurzfristige Finanzschulden und kurzfristig fällige Anteile langfristiger Finanzschulden sowie der Posten Langfristige Finanzschulden beinhalten Effekte aus der Bilanzierung von Fair Value Hedges in Höhe von insgesamt 1.470 Mio. € zum 30. September 2011 und insgesamt 1.518 Mio. € zum 30. September 2010.
2 Um die gesamte Pensionsverpflichtung von Siemens zu berücksichtigen, beinhaltet, beginnend mit dem Geschäftsjahr 2011, die Berechnung der angepassten industriellen Nettoverschuldung den Posten Pensionen und ähnliche Verpflichtungen, wie in der Konzernbilanz dargestellt. Vorjahresbeträge wurden rückwirkend umgegliedert, um mit dem Ausweis des laufenden Geschäftsjahrs übereinzustimmen.
3 Die unsere Hybridschuldverschreibung betreffende Anpassung berücksichtigt die von Ratingagenturen angewandte Berechnung dieser Finanzkennzahl, nach der 50 % unserer Hybridschuldverschreibung als Eigenkapital und 50 % als Fremdkapital klassifiziert werden. Diese Zuordnung reflektiert die Besonderheiten unserer Hybridschuldverschreibung wie lange Laufzeit und Nachrangigkeit zu allen erstrangigen Anleihen und Verschuldungsverpflichtungen.
4 Grundsätzlich werden Finanzschulden zu einem Wert ausgewiesen, der annähernd dem Rückzahlungsbetrag entspricht. Für Finanzschulden, die in einer Sicherungsbeziehung stehen (Fair Value Hedges), wird dieser Wert jedoch hauptsächlich um zinsinduzierte Marktwertänderungen angepasst. Wir ziehen daher diese Marktwertänderungen ab, um zu einem Wert zu gelangen, der annähernd dem Rückzahlungsbetrag der Finanzschulden entspricht. Wir sind der Ansicht, dass dieser Wert aussagekräftiger für die oben dargestellte Berechnung ist. Für weiterführende Informationen zu Fair Value Hedges siehe ▷ D.6 Anhang zum Konzernabschluss.

Aufgrund von Rundungen ist es möglich, dass sich einzelne Zahlen nicht genau zur angegebenen Summe aufaddieren.

Quelle: o.V., Siemens-Geschäftsbericht, S. 108

Anhang 14 Berechnung des Free Cashflow der Siemens AG

Free Cash Flow							
		Fortgeführte Aktivitäten		Nicht fortgeführte Aktivitäten		Fortgeführte und nicht fortgeführte Aktivitäten	
		Geschäftsjahresende 30. September		Geschäftsjahresende 30. September		Geschäftsjahresende 30. September	
(in Mio. €)		2011	2010	2011	2010	2011	2010
Mittelzufluss/-abfluss aus:[1]							
Laufender Geschäftstätigkeit	A	8.056	8.997	− 289	352	7.767	9.349
Investitionstätigkeit		− 2.909	− 2.315	− 1.135	− 532	− 4.044	− 2.847
darin: Investitionen in immaterielle Vermögenswerte und Sachanlagen	B	*− 2.171*	*− 1.954*	*− 446*	*− 382*	*− 2.617*	*− 2.336*
Free Cash Flow[1,2]	A+B	5.885	7.043	− 735	− 30	5.150	7.013

1 Für Informationen zu Mittelzufluss/-abfluss aus Finanzierungstätigkeit siehe die unten stehenden Erläuterungen.
2 Unter den gemäß IFRS ermittelten Kennziffern ist der Mittelzufluss/-abfluss aus laufender Geschäftstätigkeit am ehesten mit dem Free Cash Flow vergleichbar. Der Mittelzufluss/-abfluss aus laufender Geschäftstätigkeit sowohl aus fortgeführten Aktivitäten als auch aus fortgeführten und nicht fortgeführten Aktivitäten wird in unserer Konzern-Kapitalflussrechnung berichtet. Eine Überleitung der Investitionen in immaterielle Vermögenswerte und Sachanlagen aus fortgeführten Aktivitäten auf die in der Konzern-Kapitalflussrechnung gemachten Angaben ist im Anhang zum Konzernabschluss zu finden. Andere Unternehmen, die einen Free Cash Flow berichten, können andere Definitionen und Berechnungsmethoden verwenden.

Quelle: o.V., Siemens-Geschäftsbericht, S. 109

Anhang 15 Basisdaten der Daimler AG

€-Werte in Millionen	2011	2010	2009	11/10 Veränd. in %
Umsatz	106.540	97.761	78.924	+9[1]
Westeuropa	39.387	38.478	36.458	+2
davon Deutschland	19.753	19.281	18.788	+2
NAFTA	26.026	23.582	19.380	+10
davon USA	22.222	20.216	16.569	+10
Asien	22.643	19.659	12.435	+15
davon China	11.093	9.094	4.349	+22
Übrige Märkte	18.484	16.042	10.651	+15
Beschäftigte (31.12.)	271.370	260.100	256.407	+4
Sachinvestitionen	4.158	3.653	2.423	+14
Forschungs- und Entwicklungsleistungen	5.634	4.849	4.181	+16
davon aktiviert	1.460	1.373	1.285	+6
Free Cash Flow des Industriegeschäfts	989	5.432	2.706	-82
EBIT	8.755	7.274	-1.513	+20
Wertbeitrag (Value Added)	3.726	2.773	-4.644	+34
Konzernergebnis	6.029	4.674	-2.644	+29
Ergebnis je Aktie (in €)	5,32	4,28	-2,63	+24
Dividendensumme	2.346	1.971	0	+19
Dividende je Aktie (in €)	2,20	1,85	0,00	+19

1 Bereinigt um Wechselkurseffekte Umsatzanstieg um 10%.

Quelle: o.V., Daimler-Geschäftsbericht, S. 1

Anhang 16 Free Cashflow der Daimler AG

Free Cash Flow des Industriegeschäfts

in Millionen €	2011	2010	11/10 Veränderung
Cash Flow aus der Geschäftstätigkeit	7.346	10.066	-2.720
Cash Flow aus der Investitionstätigkeit	-6.263	-741	-5.522
Veränderung Zahlungsmittel (> 3 Monate) und in die Liquidität einbezogene Wertpapiere	-36	-3.893	+3.857
Übrige Anpassungen	-58	-	-58
Free Cash Flow des Industriegeschäfts	989	5.432	-4.443

Quelle: o.V., Daimler-Geschäftsbericht, S. 100

Anhang 17 Vorstandvergütung der Daimler AG 2011

Vorstandsvergütung 2011

€-Werte in Tausend

		Grund-vergütung	Verzicht	Kurz- und mittelfristig orientierte Vergütung (Jahresbonus)		Langfristig orientierte Vergütung (PPSP)		Summe
				kurzfristig	mittelfristig	in Stück	Wert bei Zuteilung (2011: bei Kurs 51,08 €) (2010: bei Kurs 30,61 €)	
Dr. Dieter Zetsche	2011	2.008		2.038	2.038	50.311	2.570	8.654
	2010	1.530	-115	4.819		80.269	2.457	8.691
Dr. Wolfgang Bernhard [1]	2011	715		726	726	20.125	1.026	3.193
	2010	472	-30	1.487		29.554	905	2.834
Dr. Christine Hohmann-Dennhardt	2011	624		618	618	17.609	899	2.759
	2010	–	–	–	–	–	–	–
Wilfried Porth [2]	2011	715		708	708	20.125	966	3.097
	2010	535	-39	1.679		32.108	983	3.158
Andreas Renschler	2011	755		747	747	22.467	1.148	3.397
	2010	575	-43	1.771		35.829	1.079	3.382
Bodo Uebber [3]	2011	866		879	879	24.058	1.054	3.678
	2010	660	-50	2.079		38.383	997	3.686
Prof. Dr. Thomas Weber	2011	715		726	726	21.369	1.092	3.259
	2010	545	-41	1.679		34.078	1.043	3.226
Summe	2011	6.398		6.442	6.442	176.064	8.755	28.037
	2010	4.317	-318	13.514	–	250.221	7.464	24.977

[1] PPSP-Wert nach Abzug von Mandatsvergütung eines Beteiligungsunternehmens in Höhe von 2.250 €.
[2] PPSP-Wert nach Abzug von Mandatsvergütung eines Beteiligungsunternehmens in Höhe von 61.575 €.
[3] PPSP-Wert nach Abzug von Mandatsvergütung eines Beteiligungsunternehmens in Höhe von 174.867 €.

Quelle: o.V., Daimler-Geschäftsbericht, S. 163

Anhang 18 Basisdaten der ThyssenKrupp AG

		Konzern gesamt					2010/2011 zu 2009/2010		Fortgeführte Aktivitäten		2010/2011 zu 2009/2010	
		2006/ 2007	2007/ 2008	2008/ 2009	2009/ 2010	2010/ 2011	Ver-änderung	Ver-änderung %	2009/ 2010	2010/ 2011	Ver-änderung	Ver-änderung %
Wertmanagement												
Capital Employed (Durchschnitt)	Mio €	18.000	19.478	20.662	20.767	23.223	2.456	12				
ROCE	%	20,7	18,3	−8,1	6,5	−4,3	−10,8	—				
Kapitalkostensatz	%	9,0	8,5	8,5	8,5	8,5	—	—				
Cash-Flow/Investitionen												
Operating Cash-Flow	Mio €	2.220	3.679	3.699	868	776	−92	−11	1.031	1.012	−19	−2
Cash-Flow aus Desinvestitionen	Mio €	673	329	199	553	424	−129	−23	547	423	−124	−23
Cash-Flow für Investitionen [1]	Mio €	−2.997	−4.227	−4.077	−3.512	−2.771	741	21	−3.168	−2.505	663	21
Free Cash-Flow [1]	Mio €	−104	−219	−179	−2.091	−1.571	520	25	−1.590	−1.070	520	33
Cash-Flow aus Finanzierungstätigkeit [1]	Mio €	−670	−705	2.824	256	1.527	1.271	496	−245	989	1.234	504
Investitionen [1] [2]	Mio €	3.001	4.282	4.079	3.515	2.771	−744	−21	3.168	2.505	−663	−21
Liquide Mittel	Mio €	3.861	2.832	5.545	3.681	3.568	−113	−3				
Netto-Finanzschulden (+)/ -guthaben (-)	Mio €	−223	1.584	2.059	3.780	3.578	−202	−5				
Innenfinanzierungskraft		1,0	0,9	1,0	0,3	0,3	—	—				
Dynamischer Verschuldungsgrad		—	0,4	0,6	4,4	4,6	0,2	5				
ThyssenKrupp AG												
Jahresüberschuss (+)/ -fehlbetrag (-)	Mio €	309	1.175	−882	800	494	−306	−38				
Ausschüttung	Mio €	635	603	139	209	232 [3]	23	11				
Dividende je Aktie	€	1,30	1,30	0,30	0,45	0,45 [3]	—	—				

[1] Die Vorjahresbeträge wurden angepasst.
[2] Cash-Flow für Investitionen vor übernommenen Zahlungsmitteln und Zahlungsmitteläquivalenten aus dem Erwerb von konsolidierten Gesellschaften
[3] Vorschlag an die Hauptversammlung

Quelle: o.V., ThyssenKrupp-Geschäftsbericht, S. 61

Anhang 19 Wertmanagement der ThyssenKrupp AG

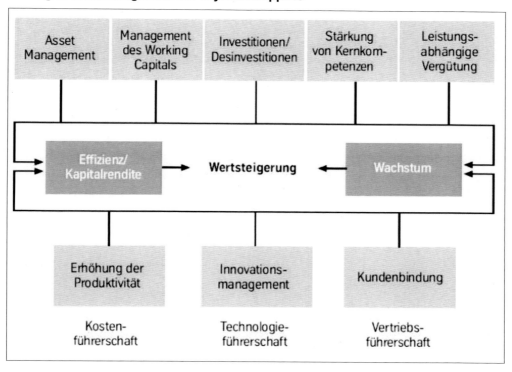

Quelle: o.V., ThyssenKrupp-TKVA, S. 5

Anhang 20 Integriertes Controlling-Konzept der ThyssenKrupp AG

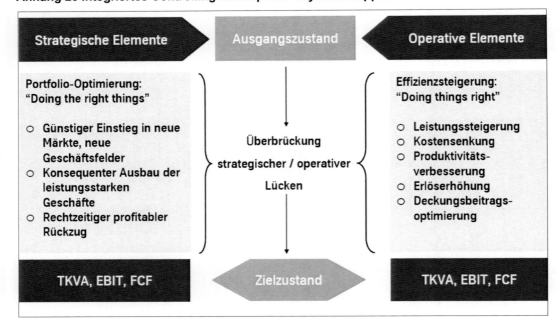

Quelle: o.V., ThyssenKrupp-TKVA, S. 6

Anhang 21 Bedeutung von TKVA und FCF bei der ThyssenKrupp AG

Ertrags- und Asset-Management	Cash-/Investitionsmanagement	
Nachhaltige Steigerung des Unternehmenswerts	Sicherstellung der Zahlungsfähigkeit	Mittelverfügbarkeit für Investition u. Wachstum
ThyssenKrupp Value Added (TKVA)	**Free Cash Flow (FCF)**	
• TKVA als Messgröße und Spitzenkennzahl für die Wertschaffung bei ThyssenKrupp EBIT – (Capital Employed x WACC) bzw. (ROCE – WACC) X Capital Employed	• FCF honoriert Freisetzung von limitiertem Kapital • Stärkerer Fokus auf Mittelbindungssenkung • Zielgröße zur Sicherung des Investment Grade (Rating)	• Ausrichtung am Cash Flow sichert die Investitionsfähigkeit • Sicherstellung von Wachstum durch Akquisitionen/ Investitionen
wertorientierte Spitzenkennzahl	cashorientierte Spitzenkennzahl	

Quelle: o.V., ThyssenKrupp-TKVA, S. 10

Anhang 22 Entwicklung der TKVA-Komponenten

	2009/2010				2010/2011				Veränderung TKVA (Mio €)
	EBIT (Mio €)	Capital Employed (Mio €)	WACC (%)	TKVA (Mio €)	EBIT (Mio €)	Capital Employed (Mio €)	WACC (%)	TKVA (Mio €)	
Konzern	1.346	20.767	8,5	−419	−988	23.223	8,5	−2.962	−2.543
Davon:									
Steel Europe	731	5.370	9,0	248	1.133	5.822	9,0	609	361
Steel Americas	−600	5.678	9,0	−1.111	−3.145	7.416	9,0	−3.813	−2.702
Materials Services	463	3.179	8,5	193	478	3.430	8,5	186	−7
Elevator Technology	646	2.307	8,0	461	801	2.243	8,0	621	160
Plant Technology	401	365	9,0	369	506	245	9,0	484	115
Components Technology	252	2.647	9,0	14	543	2.796	9,0	291	277
Marine Systems	145	1.174	9,0	39	213	1.334	9,0	94	55
Stainless Global	−57	2.948	9,0	−323	−785	3.356	9,0	−1.087	−764

Quelle: o.V., ThyssenKrupp-Geschäftsbericht, S. 55

Anhang 23 Unterschied von Wertschaffung und Wertvernichtung mit dem TKVA

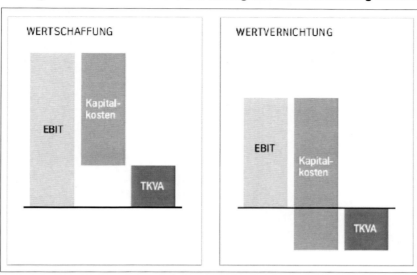

Quelle: o.V., ThyssenKrupp-TKVA, S. 12

Anhang 24 Vorstandsvergütung der Thyssen Krupp AG

	Jahreseinkommen				Im Geschäftsjahr gewährte Wertrechte aus 25 % Tantieme		Im Geschäftsjahr gewährte Wertrechte aus 55 % Bonus		Im Geschäftsjahr gewährte LTI-Rechte (Vorjahr: MTI)			Aufwand aus aktienbasierter Vergütung im Geschäftsjahr	Pensionen		
	Fixum	Nebenleistungen	Tantieme (75 %)	Bonus (45 %)	Anzahl (Stk.)	Wert [3]	Anzahl (Stk.)	Wert [3]	Anzahl (Stk.)	Wert [3]	Insgesamt		Jahresbezug bei Eintritt des Pensionsfalls	Im Geschäftsjahr erfasste Dienstzeitaufwendungen [4]	Barwert der Verpflichtung
Dr.-Ing. Heinrich Hiesinger [1] Vorsitzender (seit 21.01.2011) stellv. Vorsitzender (vom 01.10.2010 bis 20.01.2011)	1,207 (—)	26 (—)	779 (—)	219 (—)	10,262 (—)	190 (—)	10,557 (—)	196 (—)	31,722 (—)	903 (—)	3,520 (—)	661 (—)	670 (—)	1,183 (—)	1,191 (—)
Prof. Dr.-Ing. Ekkehard D. Schulz [2] Vorsitzender (bis 21.01.2011)	342 (966)	79 (130)	218 (611)	61 (532)	2,872 (8,964)	53 (210)	2,955 (28,626)	55 (671)	8,907 (10,172)	254 (229)	1,062 (3,349)	152 (1,019)		— (—)	11,447 (13,250)
Dr. Olaf Berlien	670 (585)	41 (94)	433 (370)	121 (322)	5,697 (5,433)	106 (127)	5,861 (17,349)	109 (407)	17,612 (6,165)	502 (139)	1,982 (2,044)	347 (617)	335 (293)	379 (245)	4,220 (4,683)
Dr. Jürgen Claassen (seit 21.01.2011)	465 (—)	16 (—)	300 (—)	84 (—)	3,956 (—)	73 (—)	4,078 (—)	76 (—)	12,230 (—)	348 (—)	1,362 (—)	323 (—)	201 (—)	422 (—)	1,423 (—)
Edwin Eichler	670 (585)	43 (79)	433 (370)	121 (322)	5,697 (5,433)	106 (127)	5,861 (17,349)	109 (407)	17,612 (6,165)	502 (139)	1,984 (2,029)	347 (617)	335 (293)	509 (348)	5,487 (5,707)
Dr. Alan Hippe (bis 31.03.2011)	335 (585)	14 (99)	216 (370)	61 (322)	2,848 (5,433)	53 (127)	2,930 (17,349)	54 (407)	8,806 (6,165)	251 (139)	984 (2,049)	164 (617)	— (176)	— (302)	(681)
Guido Kerkhoff (seit 01.04.2011)	335 (—)	11 (—)	216 (—)	61 (—)	2,848 (—)	53 (—)	2,930 (—)	54 (—)	8,806 (—)	251 (—)	981 (—)	183 (—)	201 (—)	232 (—)	233 (—)
Ralph Labonte	670 (585)	32 (92)	433 (370)	121 (322)	5,697 (5,433)	106 (127)	5,861 (17,349)	109 (407)	17,612 (6,165)	502 (139)	1,973 (2,042)	347 (617)	335 (293)	424 (292)	8,967 (8,783)
Insgesamt	4,694 (3,306)	262 (494)	3,028 (2,091)	849 (1,820)	39,877 (30,696)	740 (718)	41,033 (98,022)	762 (2,299)	123,307 (34,832)	3,513 (785)	13,848 (11,513)	2,524 (3,487)	2,077 (1,055)	3,149 (1,187)	32,968 (33,104)

[1] Als stellvertretender Vorsitzender des Vorstands erhielt Dr. Heinrich Hiesinger einen Zuschlag von 35 %, als Vorsitzender des Vorstands einen Zuschlag von 100 %.
[2] Zuschlag 65 %
[3] zum Gewährungszeitpunkt
[4] Nachzuverrechnende Dienstzeitaufwendungen (past service cost) sind im Geschäftsjahr 2010/2011 nicht angefallen.

Die entsprechenden Vorjahreswerte (jeweils in Tsd €) für das im Geschäftsjahr 2009/2010 ausgeschiedene Vorstandsmitglied Dr. Ulrich Middelmann (Datum des Ausscheidens: 21.01.2010) betrugen: Fixum: 226; Nebenleistungen: 46; Tantieme: 142; Bonus: 124; Wertrechte aus Tantieme: 49; Wertrechte aus Bonus: 155; MTI-Wertrechte: 54; Insgesamt: 796; Aufwand aus aktienbasierter Vergütung: 237; Im Geschäftsjahr erfasste Dienstzeitaufwendungen: 0; Barwert 13.298.

Quelle: o.V., ThyssenKrupp-Geschäftsbericht, S. 36

Anhang 25 Auszug aus dem TKVA-Druckschrift-Anhang – Berechnung des EBIT

Umsatz
- Umsatzkosten
= Bruttoergebnis vom Umsatz
- Vertriebskosten
- Allgemeine Verwaltungskosten
+ Sonstige betriebliche Erträge
- Sonstige betriebliche Aufwendungen
+ Beteiligungsergebnis
- Aufzinsung Rückstellungen
- Aufwandseffekt bei Zinsänderungen
+ Abschreibungen aktivierte BZZ
- Zuschreibungen aktivierte BZZ
+ WACC * NANZ
= Ergebnis vor Steuern und Zinsen (EBIT)

Quelle: o.V., ThyssenKrupp-TKVA, S. 35

Anhang 26 Basisdaten Volkswagen AG

VOLKSWAGEN KONZERN

Mengendaten[1]	2011	2010	%
Absatz (Automobile)	8.361.294	7.278.440	+ 14,9
Produktion (Automobile)	8.494.280	7.357.505	+ 15,5
Belegschaft am 31.12.	501.956	399.381	+ 25,7
Finanzdaten nach IFRS in Mio. €	**2011**	**2010**	**%**
Umsatzerlöse	159.337	126.875	+ 25,6
Operatives Ergebnis	11.271	7.141	+ 57,8
Ergebnis vor Steuern	18.926	8.994	x
Ergebnis nach Steuern	15.799	7.226	x
Ergebnisanteil der Aktionäre der Volkswagen AG	15.409	6.835	x
Cash-flow laufendes Geschäft	8.500	11.455	− 25,8
Investitionstätigkeit laufendes Geschäft	16.002	9.278	+ 72,5
Konzernbereich Automobile[2]			
EBITDA[3]	17.815	13.940	+ 27,8
Cash-flow laufendes Geschäft	17.109	13.930	+ 22,8
Investitionstätigkeit laufendes Geschäft[4]	15.998	9.095	+ 75,9
davon: Sachinvestitionen	7.929	5.656	+ 40,2
in % der Umsatzerlöse	5,6	5,0	
Entwicklungskosten (aktiviert)	1.666	1.667	− 0,0
in % der Umsatzerlöse	1,2	1,5	
Netto-Cash-flow	1.112	4.835	− 77,0
Netto-Liquidität am 31.12.	16.951	18.639	− 9,1
Renditen in %	**2011**	**2010**	
Umsatzrendite vor Steuern	11,9	7,1	
Kapitalrendite nach Steuern (Automobilbereich)	17,7	13,5	
Eigenkapitalrendite vor Steuern (Finanzdienstleistungsbereich)[5]	14,0	12,9	

1 Mengendaten inklusive der nicht vollkonsolidierten chinesischen Gemeinschaftsunternehmen.
2 Inklusive Zuordnung der Konsolidierung zwischen den Konzernbereichen Automobile und Finanzdienstleistungen.
3 Operatives Ergebnis zuzüglich des Saldos aus Zu- / Abschreibungen auf Sachanlagen, aktivierte Entwicklungskosten, Vermietvermögen, Goodwill und Finanzanlagen gemäß Kapitalflussrechnung.
4 Ohne Erwerb und Verkauf von Beteiligungen: 9.371 (7.034) Mio. €.
5 Ergebnis vor Steuern in Prozent des durchschnittlichen Eigenkapitals.

Quelle: o.V., Volkswagen-Geschäftsbericht, S. 1

Anhang 27 Übersicht über die wichtigsten Steuerungsgrößen der Volkswagen AG

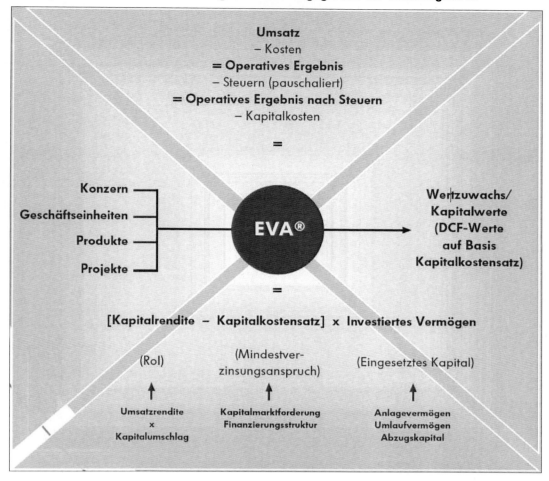

Quelle: o.V., Volkswagen-Steuerungsgrößen, S. 36

Anhang 28 Wertzuwachs, -erhaltung und -verzehr beim EVA

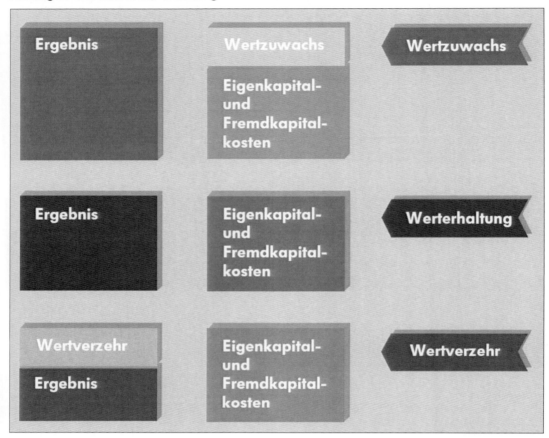

Quelle: o.V., Volkswagen-Steuerungsgrößen, S. 4

Anhang 29 Vergütung der Vorstandsmitglieder der Volkswagen AG

€	Fix	Bonus	LTI	LTI Nachzahlung 2010	Gesamt
Martin Winterkorn	1.886.206	11.040.000	3.670.000	860.000	17.456.206
	(1.730.210)	(4.800.000)	(2.800.000)	–	(9.330.210)
Francisco Javier Garcia Sanz	1.093.154	4.600.000	1.630.000	380.000	7.703.154
	(1.109.693)	(2.250.000)	(1.250.000)	–	(4.609.693)
Jochem Heizmann	1.101.878	4.100.000	1.630.000	380.000	7.211.878
	(969.155)	(2.000.000)	(1.250.000)	–	(4.219.155)
Christian Klingler	964.336	4.600.000	1.630.000	380.000	7.574.336
	(888.407)	(2.250.000)	(1.250.000)	–	(4.388.407)
Michael Macht	958.878	4.600.000	1.630.000	95.000	7.283.878
	(215.625)	(500.000)	(312.500)	–	(1.028.125)
Horst Neumann	1.042.151	4.600.000	1.630.000	380.000	7.652.151
	(998.077)	(2.250.000)	(1.250.000)	–	(4.498.077)
Hans Dieter Pötsch	1.015.613	5.100.000	1.630.000	380.000	8.125.613
	(962.902)	(2.000.000)	(1.250.000)	–	(4.212.902)
Rupert Stadler	969.273	4.600.000	1.630.000	380.000	7.579.273
	(885.408)	(2.250.000)	(1.250.000)	–	(4.385.408)
Summe	9.031.491	43.240.000	15.080.000	3.235.000	70.586.491
	(7.759.479)	(18.300.000)	(10.612.500)	–	(36.671.979)

Quelle: o.V., Volkswagen-Geschäftsbericht, S. 139

Anhang 30 Überblick über die untersuchten Unternehmen

	Siemens AG	Daimler AG	ThyssenKrupp AG	Volkswagen AG
Bekenntnis zur wertorientierten Unternehmensführung	Ja	Ja	Ja	Ja
Offenlegung der Strategie und Ziele	Ja	Nein	Ja	Nein
Veröffentlichung der Informationen zur wertorientierten Unternehmensführung	Geschäftsbericht, Druckschrift, Internetauftritt	Geschäftsbericht, Internetauftritt	Geschäftsbericht, Druckschrift, Internetauftritt	Geschäftsbericht, Druckschrift, Internetauftritt
Kapitalkosten	WACC	WACC	WACC	WACC
Höhe der Kapitalkosten	ca. 7,5%	8%	8,5%	7,0%
Ermittlung der Kapitalkosten nachvollziehbar	Nein	Ja	Ja	Ja
Absolute Wertbeitragskennzahlen		Value Added	TKVA	EVA
Relative Wertbeitragskennzahlen	RoCE		RoCE	
Cashfloworientierte Kennzahlen			FCF	DCF
Weitere Kennzahlen zur Unternehmenssteuerung	RoE, EBITDA-Margen, Sonstige	RoE, RoNA	TKVA-Barwert und -Spread,	RoI, EVA-Spread
Nachvollziehbarkeit der Angaben	-	0	++	0
Verständlichkeit der Angaben	+	+	++	++
Vollständigkeit der Angaben	-	0	++	0
Langfrsitige und wertorientierte Anreizwirkung der Vergütung	0	-	0	-

```
++  = sehr gut          -   = schlecht
+   = gut               --  = sehr schlecht
0   = befriedigend
```

Quelle: eigene Darstellung

Literaturverzeichnis

Balachandran, Sudhakar — (2006) How does Residual Income affect Investment? The Role of Prior Performance Measures, in: Management Science 03/2006, S. 383 - 394

Banzhaf, Jürgen — (2006) Wertorientierte Berichterstattung, Diss. Universität Hohenheim 2005, Frankfurt 2006

Bausch, Andreas
Pape, Ulrich — (2005) Ermittlung von Restwerten – eine vergleichbare Gegenüberstellung von Ausstiegs- und Fortführungswerten, in: Finanz-Betrieb Heft 7/8 2005, S. 474 - 484

Beck, Christa — (Formelsammlung) Finanzmathematik Formelsammlung, in: http://www.fh-stralsund.de /dokumentenverwaltung /dokumanagement //41/copy44475455c72c2.pdf, Zugriff 31.05.2012

Becker, Wolfgang — (2000) Wertorientierte Unternehmensführung, in: Bamberger Betriebswirtschaftliche Beiträge Nr. 125, Bamberg 2000

Berens, Wolfgang
Schmitting, Walter
Wöhrmann, Arnt — (2005) Instrumente zur Senkung des Kapitaleinsatzes – eine Analyse unter Berücksichtigung von Unternehmensbeispielen, in: Zeitschrift für Planung und Unternehmenssteuerung Ausgabe 16/2005, S. 1 - 26

Bertl, Romuald
Fröhlich, Christoph — (2005) Der ROCE als Kennzahl zur Ermittlung der Kapitalrentabilität, in: Zeitschrift für Recht und Rechnungswesen Ausgabe 15/2005, S. 244 - 246

Britzelmaier, Bernd — (2009) Wertorientierte Unternehmensführung, hrsg. von Klaus Olfert, Friedrichshafen 2009

Britzelmaier, Bernd Kraus, Patrick Borm, Mareile Nguyen-Ngoc, Bang	(2011) Wertorientierte Unternehmensführung in den DAX 30-Unternehmen: Eine Untersuchung auf Basis der Geschäftsberichte 2010, Pforzheim 2011
Burger, Anton	(2002) Zur Berücksichtigung von Risiko in der strategischen Unternehmensführung, in: Der Betrieb, Heft 12 2002, Seite 593 - 599
Christians, Uwe	(Kapitalverwendung) Kapitalverwendung, in: http://people.f3.htw-berlin.de/Lehrmaterialien/Christians/Kap2.3_Kapitalverwendung.pdf, Zugriff 31.05.2012
Coeneberg, Adolf Haller, Axel Schultze, Wolfgang	(2009b) Jahresabschluss und Jahresabschlussanalyse, 21. Auflage, Stuttgart 2009
Coenenberg, Adolf Mattner, Gerhard Schultze, Wolfgang	(2003) Wertorientierte Steuerung: Anforderungen, Konzepte, Anwendungsprobleme, in: Finanzwirtschaft, Kapaitalmarkt und Banken - Festschrift für Prof. Dr. Manfred Steiner, hrsg. von Andreas Rathgeber, Hermann-Josef Tebroke und Martin Wallmeier, Stuttgart 2003, S. 1 -24
Coenenberg, Adolf Salfeld, Rainer	(2007) Wertorientierte Unternehmensführung, Stuttgart 2007
Coenenberg, Adolf Fischer, Thomas Günther, Thomas	(2009a) Kostenrechnung und Kostenanalyse, 7. Auflage, Stuttgart 2009
Copeland, Tom Koller, Tim Murrin, Jack	(2002) Unternehmenswert: Methoden und Strategien für eine wertorientierte Unternehmensführung, 3. Auflage, Frankfurt a.M. 2002

Däumler, Klaus-Dieter	(2003) Grundlagen der Investitions- und Wirtschaftlichkeitsrechnung, hrsg. von Klaus-Dieter Däumler und Jürgen Grabe, 11. Auflage, Herne 2003
Dillerup, Ralf Albrecht, Thomas	(Kostenvergleichsrechnung) Kostenvergleichsrechnung, in: http://isc.hs-heilbronn.de/Publikationen/ Kostenvergleichsrechnung.pdf, Zugriff 31.05.2012
Droste, Vanessa Herrmann, Yvonne Nieberl, Michael Schmidt, Stefan Weiß, Alexander	(2006) Wertorientierung in den DAX30-Unternehmen: eine empirische Studie, hrsg. von Jochem Müller, Köln 2006
Drukarczyk, Jochen	(1997) Wertorientierte Unternehmenssteuerung – Besprechung des Buches von A. Rappaport, in: Regensburger Diskussionsbeiträge zur Wirtschaftswissenschaft Nr. 296, Regensburg 1997
Dück-Rath, Marijke	(2005) Unternehmensbewertung mit Hilfe von DCF-Methoden und ausgewählten Realoptionsansätzen, Diss. Universität Hamburg 2004, Frankfurt a.M. 2005
Essler, Wolfgang Kruschwitz, Lutz Löffler, Andreas	(2004) Zur Anwendung des WACC-Verfahrens bei vorgegebener bilanzieller Verschuldung, in: Betriebswirtschaftliche Forschung und Praxis Ausgabe 2/2004, S. 134 - 147
Ewert, Ralf Wagenhofer, Alfred	(2000) Rechnungslegung und Kennzahlen für das wertorientierte Management, in: Wertorientiertes Management, hrsg. von Alfred Wagenhofer und Gerhard Hrebicek, Stuttgart 2000

Faul, Katja	(2005) Wertorientiertes Controlling: Ein Ansatz zur Unternehmens- und Verhaltenssteuerung in dezentralen Organisationen, Diss. Universität Nürnberg 2004, Hamburg 2005
Findeisen, Petra	(2010) Investition und Finanzierung, in: Skript Oktober – Dezember 2010, hrsg. von Petra Findeisen, S. 88 - 90
Groll, Karl-Heinz	(2003) Kennzahlen für das wertorientierte Management, Wien 2003
Grundy, Tony	(2002) Shareholder Value, Oxford 2002
Günter, Thomas	(2000) Vom strategischen zum operativen Wertsteigerungsmanagement, in: Konzepte und Umsetzungen zur Unternehmenswertsteigerung, hrsg. von Alfred Wagenhofer und Gerhard Hrebicek, Stuttgart 2000
Hachmeister, Dirk	(2000) Der Discounted Cash Flow als Maß der Unternehmenswertsteigerung, Diss. Universität München 1994, 4. Auflage, Frankfurt a.M. 2000
Hebertinger, Martin	(2002) Wertsteigerungsmaße – Eine kritische Analyse, Diss. Universität München 2001, Frankfurt a.M. 2002
Heidecker, Michael	(2003) Wertorientiertes Human Capital Management, Diss. Universität der Bundeswehr Hamburg 2003, Wiesbaden 2003
Husmann, Christoph	(2003) Wertorientierte Unternehmensführung in einem fokkusierten Logistik-Konzern, in: Schmalenbachs Zeitschrift für betriebswirtschaftliche Forschung Sonderheft 50 2003, S. 77 - 96

Jahn, Axel	(Kapitalmarkt) Sicherheit und vollkommener Kapitalmarkt, in: http://make-it.fh-augsburg.de/lehre/ invest/ Kap%206%20Int.%20Zins.pdf, Zugriff 31.05.2012
Jensen, Michael Meckling, William	(1976) Theory oft the Firm: Managerial Behavior, Agency Costs, an Ownership Structure, in: Journal of Financial Economics October 1976, S. 305 - 360
Jentzsch, Marcus	(2009) Steuerung ausländischer Tochtergesellschaften im Rahmen der wertorientierten Unternehmensführung, Hamburg 2009
Kachel, Petra von Flotow, Paschen	(2011) Nachhaltigkeit und Shareholder Value aus Sicht börsennotierter Unternehmen, in: Studien des Deutschen Aktieninstituts Heft 50, hrsg. von Rüdiger von Rosen, Frankfurt 2011
Kaub, Malte Schaefer, Marc	(2002) Wertorientierte Unternehmensführung – eine Einführung in das Konzept, Berlin 2002
Kauffmann, Herbert Götzenberger, Gero	(2006) Wertorientierte Steuerung bei der DaimlerChrysler AG, in: Wertorientiertes Management, hrsg. von Nikolaus Schweickart und Armin Töpfer, Berlin 2006, S. 181 - 203
Knorren, Norbert	(1998) Wertorientierte Gestaltung der Unternehmensführung, Diss. Universität Koblenz 1998, Wiesbaden 1998
Kraus, Patrick	(2011) Die Auswirkungen von Corporate Governance auf den Unternehmenserfolg: Eine Betrachtung im Kontext der wertorientierten Unternehmensführung, Köln 2011
Kröger, Fritz	(2005) EVA vernichtet Werte, in: Harvard Business Manager Ausgabe 08/2005, S. 14 - 16

Küting, Karlheiz Heiden, Matthias, Lorson, Peter	(2000) Neuere Ansätze der Bilanzanalyse – Externe unternehmenswertorientierte Performancemessung, in: Betrieb und Rechnungswesen Beilage 1/2000, S. 1 - 40
Lachnit, Laurenz Müller, Stefan	(2002) Probleme bei der wertorientierten Performancedarstellung von Unternehmen, in: Der Betrieb Ausgabe 55 2002, S. 2553 - 2559
Langguth, Heike	(2008) Kapitalmarktorientiertes Wertmanagement: Unternehmensbewertung, Unternehmenssteuerung und Berichterstattung, München 2008
Lehmann, Steffen	(1994) Neue Wege in der Bewertung börsennotierter Aktiengesellschaften, Wiesbaden 1994
Lewis, Thomas	(1994) Steigerung des Unternehmenswertes: Total Value Management, Landsberg am Lech 1994
Mansch, Helmut von Wysocki, Klaus	(1996) Finanzierungsrechnung im Konzern - Empfehlungen des Arbeitskreises "Finanzierungsrechnung" der Schmalenbach-Gesellschaft, in: Schmalenbachs Zeitschrift für betriebswirtschaftliche Forschung Sonderheft Band 37, Düsseldorf 1996
Mittelmaier, Max	(2009) Die Cashflowrechnung, München 2009
Muche, Thomas	(2008) Unternehmens- und Investitionsbewertung mit durchschnittlichen Kapitalkosten unter Berücksichtigung von persönlichen Steuern und Verlusten, in: Die Betriebswirtschaft Ausgabe 01/2008, S. 67 - 84
Münch, Jürgen	(2004) Discounted Cashflow-Modelle als Möglichkeit der Aktienbewertung und deren Anwendung durch Aktienanalysten, München 2004

o.V.	(1996) Shareholder Value, in: Schriftenreihe Nr. 34, hrsg. von Union der Leitenden Angestellten, Essen 1996
o.V.	(Auswahlindizes) Auswahlindizes, in: http://www.boerse-frankfurt.de/de/wissen/indizes/auswahlindizes, Zugriff 10.06.2012
o.V.	(Cortal-Consors) Kurssuche, in: https://www.cortalconsors.de/Kurse-Maerkte/Aktien, Zugriff 25.06.2012
o.V.	(Cortal-Siemens) Siemens AG, in: https://www.cortalconsors.de/Kurse-Maerkte/Aktien/ Kurs-Snapshot/Kurs-Snapshot/DE0007236101-SIEMENS-AG-NAMENS-AKTIEN-ON, Zugriff 11.06.2012
o.V.	(Daimler-Geschäftsbericht) Daimler Geschäftsbericht 2011, hrsg. von Daimler AG, Stuttgart 2012
o.V.	(Daimler-Nachhaltigkeit) Nachhaltigkeitsstrategie, in: http://nachhaltigkeit.daimler.com/reports/daimler/annual/2012/nb/German/2010/unsere-nachhaltigkeitsstrategie.html, Zugriff 14.06.2012
o.V.	(DAX-Chart) DAX-Chart der letzten zehn Jahre, in: http://www.boerse-frankfurt.de/de/aktien/indizes/dax+DE0008469008/chart, Zugriff 25.06.2012
o.V.	(Dax-Indices) Index Suche, in: http://www.dax-indices.com/DE/index.aspx?pageID=15, Zugriff 10.06.2012
o.V.	(Dax-Zusammensetzung) Zusammensetzung und Kennzahlen, in: http://dax-indices.com/DE/index.aspx? pageID=4, Zugriff 22.06.2012

o.V.	(Focus-Pressebericht) Die wirklich wichtigen Regeln, in: http://www.focus.de/finanzen/boerse/aktien/tid-7448/boersenweisheiten_aid_133284.html, Zugriff 25.06.2012
o.V.	(FTD-Pressebericht) DAX schließt schwarzen August im Plus, in: http://www.ftd.de/finanzen/maerkte/marktberichte/:boersenbericht-dax-schliesst-schwarzen-august-im-plus/60098426.html, Zugriff 24.06.2012
o.V.	(Online Lehrbuch) Online Lehrbuch Einsatz des Cash-Flow, http://www.economics.phil.uni-erlangen.de/bwl/lehrbuch/kap2/cashflow/cashflow.PDF, Zugriff 31.05.2012
o.V.	(Postbank-Chartwerkzeug) Aktienporträt Chart, in: http://www.postbank.de/privatkunden/et_mis2_wp_aktien_chart.html, Zugriff 25.06.2012
o.V.	(Siemens-Blick) Siemens auf einen Blick, hrsg. von Siemens AG, Stand 30.09.2011
o.V.	(Siemens-Daten) Daten und Fakten, in: http://www.siemens.de/ueberuns/daten/seiten/home.aspx, Zugriff 10.06.2012
o.V.	(Siemens-Dividende) Dividende der Siemens AG, in: http://www.siemens.com/investor/de/siemens_aktie/dividende.htm, Zugriff 11.06.2012
o.V.	(Siemens-Geschäftsbericht) Siemens Geschäftsbericht 2011, hrsg. von Siemens AG, München/Berlin 2012

o.V.	(Siemens-One) One Siemens – unser Weg zur nachhaltigen Wertsteigerung, hrsg. von Siemens AG, Stand November 2010
o.V.	(Siemens-Pressemitteilung) Siemens schließt Geschäftsjahr 2011 mit operativem Rekordergebnis ab, in: http://www.siemens.com/press/de/pressemitteilungen/?press=/de/pressemitteilungen/2011/corporate_communication/2011-q4/axx20111105.htm, Zugriff 10.06.2012
o.V.	(Spiegel-Pressebericht) Angst vor Euro-Krise: Japans Börse fällt auf neuen Tiefstand, in: http://www.spiegel.de/wirtschaft/unternehmen/angst-vor-euro-krise-japans-boerse-faellt-auf-neuen-tiefstand-a-786167.html, Zugriff 25.06.2012
o.V.	(Stern Stewart) Economic Value Added, in: http://www.sternstewart.com/?content=proprietary&p=eva, Zugriff 01.06.2012
o.V.	(ThyssenKrupp-Geschäftsbericht) ThyssenKrupp Geschäftsbericht 2011, hrsg. von ThyssenKrupp AG, Essen 2011
o.V.	(ThyssenKrupp-Pressebericht) Miserables Jahr für ThyssenKrupp, in: http://www.sueddeutsche.de/wirtschaft/stahlkonzern-legt-zahlen-vor-miserables-jahr-fuer-thyssenkrupp-1.1224865, Zugriff 17.06.2012
o.V.	(ThyssenKrupp-TKVA) Wertorientiertes Management im ThyssenKrupp Konzern – ThyssenKrupp Value Added, hrsg. von ThyssenKrupp AG, Essen 2011

o.V.	(Volkswagen-Geschäftsbericht) Volkswagen AG Geschäftsbericht 2011, hrsg. von Volkswagen AG, Wolfsburg 2012
o.V.	(Volkswagen-Steuerungsgrößen) Finanzielle Steuerungsgrößen des Volkswagen Konzerns, hrsg. von Volkswagen AG, 3. Auflage, Wolfsburg 2009
o.V.	(Zement statt Stahl) Dax Zusammenstellung: Zement statt Stahl, in: http://www.sueddeutsche.de/geld/dax-zusammenstellung-zement-statt-stahl-1.954374, Zugriff 10.06.2012
Pilzecker, Steve	(2011) Konzepte der wertorientierten Unternehmensführung: die DAX 30 Unternehmen – Eine vergleichende Auswertung, Hamburg 2011
Plaschke, Frank	(2003) Wertorientierte Management-Incentivesysteme auf Basis interner Unternehmenszahlen, Diss. Technische Universität Dresden 2002, Wiesbaden 2003
Rappaport, Alfred	(1999) Shareholder Value, 2. Auflage, Stuttgart 1999
Rappaport, Alfred	(2006) Die zehn Gebote des Shareholder Value, in: Harvard Business Manager Ausgabe 11/2006, S. 24 - 41
Rössle, Werner Tiede, Heiner	(2006) Finanz- und Rechnungswesen, 8. Auflage, Bad Wörishofen 2006
Schaffer, Christian	(2005) Führt wertorientierte Unternehmensführung zu messbaren Wertsteigerungen?, Diss. Universität München 2005, Frankfurt a.M. 2005

Schwarzer, Jessica	(Handelsblatt-Pressebericht) Die goldene Regel der Kapitalanlage, in: http://www.handelsblatt.com/finanzen/boerse-maerkte/ anlagestrategie/boersenweisheit-die-goldene-regel-der-kapitalanlage/6699142.html, Zugriff 25.06.2012
Skrzipek, Markus	(2005) Shareholder Value versus Stakeholder Value, Diss. Universität Wien 2004, Wiesbaden 2005
Steinhauer, Leif	(2007) Die Objektivierung des kapitalmarktorientierten Value Reporting, in: Rechnungslegung und Wirtschaftsprüfung Band 13, hrsg. von Jörg Baetge, Hans-Jürgen Kirsch und Stefan Thiele, Diss. Universität Hannover 2007, Köln 2007
Stiefl, Jürgen	(2005) Finanzmanagement, München 2005
Stiefl, Jürgen von Westerholt, Kolja	(2008) Wertorientiertes Management, München 2008
Voigt, Lars	(2012) Wertorientierte Kennzahlen in der externen Berichterstattung von DAX-Unternehmen – Eine analytische Betrachtung von EVA, CFROI, CVA und ROCE, Hamburg 2012
Weber, Jürgen Bramsemann, Urs Heineke, Carsten Hirsch, Bernhard	(2004) Wertorientierte Unternehmenssteuerung: Konzepte – Implementierung – Praxisstatements, Wiesbaden 2004
Weißenberger, Barbara Blome, Marcus	(2005) Ermittlung wertorientierter Kennzahlen unter IFRS, in: Arbeitspapier Industrielles Management und Controlling 2/2005, hrsg. von Universität Gießen, Gießen 2005

Wenzel, Julia   (2005) Wertorientierte Berichterstattung aus theoretischer und empirischer Perspektive, Diss. Universität Leipzig 2005, Frankfurt 2005

Der Autor:

Jörg Willburger studiert aktuell an der Hochschule Offenburg im Masterstudiengang Betriebswirtschaft. Bereits während seiner kaufmännischen Ausbildung, der anschließenden beruflichen Tätigkeit und dem darauffolgenden Bachelorstudium an der Dualen Hochschule Baden-Württemberg, lagen seine Interessen in den Bereichen Controlling und Unternehmensführung.